verbraucherzentrale Nordrhein-Westfalen

Ratgeber Schwangerschaft und Geburt

Bibliographische Information Der Deutschen Bibliothek

1. Auflage

ISBN: 3-933705-93-2, Printed in Germany

Inhalt

1 2 3 4 5 6 7

Einleitung

Ein Kind entsteht – jetzt müssen Sie eine Menge Entscheidungen treffen!

Schwanger! Vielleicht wissen Sie es erst seit wenigen Tagen und sind noch ganz überwältigt von vielfältigen Gefühlen wie überschwänglicher Freude, Unsicherheit darüber, was bei der Geburt „abläuft“, oder der Ahnung von der großen Verantwortung, die auf Sie zukommt. Vielleicht haben Sie aber auch schon die erste Aufregung hinter sich und sind an den Gedanken gewöhnt, dass jetzt ein Kind in Ihnen heranwächst.

Ein Kind zu bekommen ist ein entscheidender Wendepunkt im Leben mit zahlreichen Auswirkungen auf Ihren Körper und Ihren Alltag sowie erheblichen finanziellen und rechtlichen Folgen. Von Anfang an sind Sie auch als Konsumentin gefragt. Wir wollen Sie daher mit diesem Ratgeber in der Zeit der Schwangerschaft und den ersten Tagen nach der Geburt begleiten, damit Sie sich mit Selbstvertrauen und Gelassenheit auf das freudige Ereignis vorbereiten können.

Ihre Gesundheit und die Ihres Babys – was Sie dazu beitragen können, steht sicherlich zunächst im Mittelpunkt Ihres Interesses: Vorsorgeuntersuchungen sind ein wichtiger Beitrag dazu. Aber was verbirgt sich hinter den Abkürzungen und Eintragungen im Mutterpass? Darüber hinaus bieten Ärztinnen und Ärzte besonders für „Spätgebärende“ pränatale Diagnostik an oder Zusatzuntersuchungen gegen Honorar. Was ist davon zu halten? Wer soll Sie während der Schwangerschaft betreuen, und wie finden Sie die „passende Hebamme“ oder den „passenden Arzt“? Nach welchen Kriterien wollen Sie die Klinik auswählen, oder kommt auch eine Hausgeburt in Frage? Nutzen Sie die Möglichkeiten, sich über bestehende Angebote zu informieren. Gezielte Vorbereitung kann dazu beitragen, dass die Geburt ein einzigartiges, schönes Erlebnis wird.

Auch der Alltag wirft schon in der Schwangerschaft Fragen auf: Gibt es eine gezielte Schwangerschaftsernährung? Was ist bei Sport oder Reisen zu beachten? Babyausstattungen, von der Windel bis zur kompletten Einrichtung des Zimmers, locken zum Kauf. Was ist sinnvoll, was kann warten? Wo kommt es auf Qualität an, was kann man besser gebraucht erwerben?

Und wenn das Baby da ist, muss es nicht nur versorgt werden, sondern etliche Formalitäten sind zu erledigen: Von der Anmeldung bei der Krankenkasse über den Eintrag auf der Steuerkarte bis hin zum Sorgerecht ist je nach persönlicher Situation Unterschiedliches zu beachten und beizeiten auf den Weg zu bringen.

Wichtige Auswirkungen hat die Schwangerschaft auch auf die Berufstätigkeit. Welche Rechte haben Sie in der Schwangerschaft und den Mutterschutzfristen? Wie berechnen sich Mutterschutzlohn und Mutterschaftsgeld? Und auch die Regelungen zur Elternzeit, mit der sowohl Müttern als auch Vätern ermöglicht werden soll, sich jeweils bis zu drei Jahren der Erziehung ihres Kindes zu widmen, sollten rechtzeitig bedacht werden. Was dabei zu beachten ist, können Sie ebenso in diesem Ratgeber nachlesen wie Informationen rund um das Erziehungsgeld oder sonstige finanzielle Hilfestellungen, damit Sie und Ihr Kind besser über die Runden kommen.

Bei allen Entscheidungen und wenn auch manches Mal Probleme drücken: Genießen Sie die Zeit der Schwangerschaft, der Geburt und des Zusammenlebens mit Ihrem Kind vor allem als intensivstes und schönstes Erlebnis, das man im Leben haben kann. Wir wünschen Ihnen dabei alles Gute auf Ihrem Weg zur Familie, zu zweit, zu dritt und allen, die sich mit Ihnen freuen und Sie begleiten.

Schwangerschaft

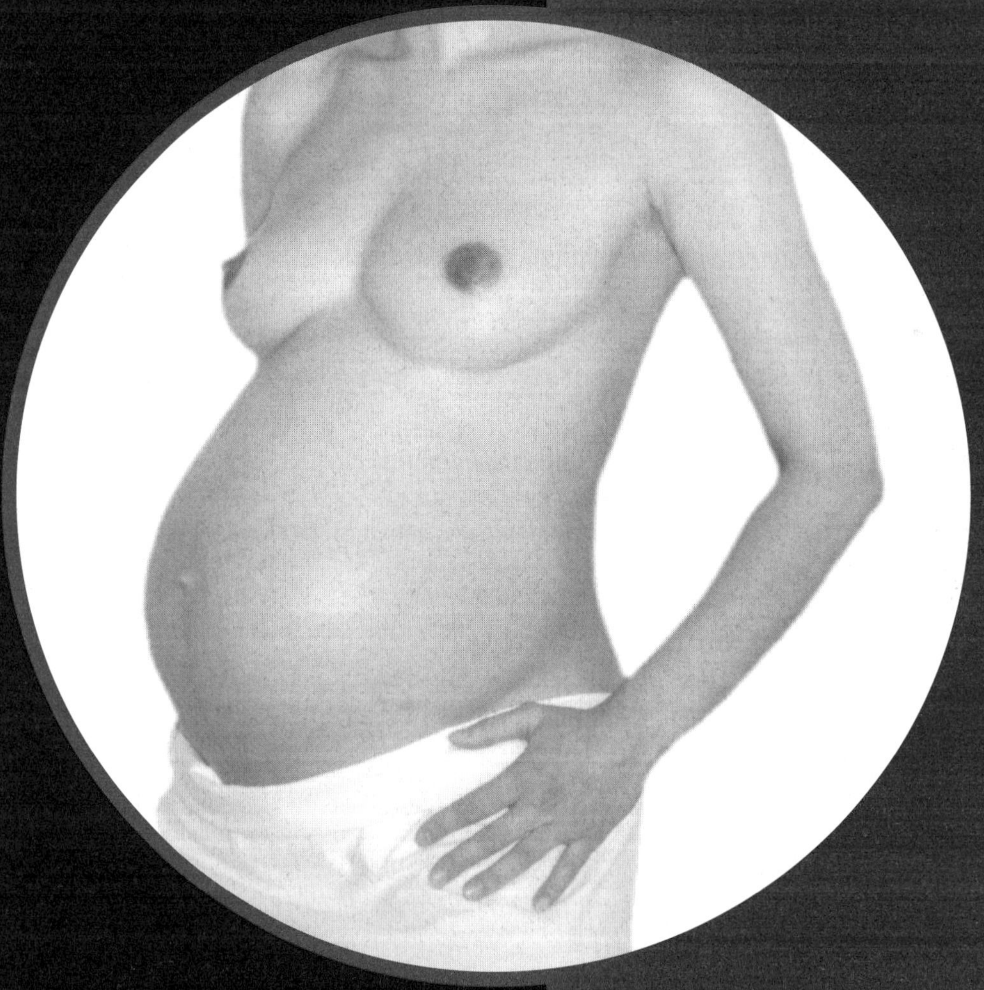

Wenn aus der Vermutung, schwanger zu sein, Gewissheit wird, ändert sich vieles in Ihrem Leben. Sie brauchen einen Arzt, eine Ärztin und/oder eine Hebamme Ihres Vertrauens, die Sie in dieser Zeit begleiten. Regelmäßige Vorsorgeuntersuchungen stehen an. Eventuell wollen Sie aber auch die pränatale Diagnostik nutzen. Oder Schwangerschaftsbeschwerden treten auf. Was können Sie selbst zu Ihrer Gesundheit und der Ihres Babys beitragen? Und was ändert sich im Alltag?

Schwanger oder nicht?

Instinktiv spüren einige Frauen schon recht früh, dass sie schwanger sind. Oft werden jedoch verschiedene Anzeichen wie leichte Übelkeit, Abneigungen gegen bestimmte Speisen, Erschöpfung und Müdigkeit, leichte Spannungen in der Brust oder ein Ziehen im Bauch erst im Nachhinein richtig gedeutet. In den meisten Fällen weist das Ausbleiben der Regelblutung auf die Schwangerschaft hin. Mehr Sicherheit gibt dann ein Schwangerschaftstest.

Während Frauen früher wochenlang warten mussten, um endlich über eine bestehende Schwangerschaft sicher zu sein, können Sie sich heute bereits am ersten Tag nach dem Ausbleiben der Regel Gewissheit verschaffen, indem Sie zu Hause, beim Arzt oder bei einer Hebamme einen zuverlässigen Schwangerschaftstest machen. Denn mit diesem Test wird ein Hormon (so genanntes HCG) nachgewiesen, das vom befruchteten Ei produziert wird.

Die Handhabung der Tests für zu Hause ist je nach Produkt etwas unterschiedlich und manchmal umständlich, funktioniert aber stets nach dem gleichen Prinzip: Ein Teststreifen wird in eine Urinprobe (am zuverlässigsten ist der erste Urin am Morgen) getaucht. Wenige Minuten später ist das Ergebnis ablesbar. Weicht die Farbe im Testfeld von der des Kontrollfeldes ab, zeigt dies, dass Sie schwanger sind.

Die Tests erhalten Sie in Apotheken und inzwischen sogar in Drogerien. Die Kosten liegen bei etwa zehn Euro pro Test. Beim Arzt oder bei einer Hebamme ist der Schwangerschaftstest kostenlos. Sie machen üblicherweise auch einen Urintest.

Voraussichtlicher Geburtstermin

Kaum ist die Schwangerschaft bestätigt, stellt sich sicherlich gleich die Frage nach dem Geburtstermin. Zwischen Empfängnis und Geburt vergehen etwa 38 Wochen. Der Eisprung – und damit die Befruchtung – erfolgt ungefähr zwei Wochen nach der Monatsblutung.

Anhand der folgenden Tabelle können Sie den ungefähren Geburtstermin berechnen: Wenn Sie den ersten Tag Ihrer letzten Monatsblutung in der Tabelle heraussuchen (erste Zeile neben dem jeweiligen Monat), können Sie in der darunter liegenden Zeile den voraussichtlichen Geburtstermin ablesen. Die Genauigkeit der Angabe hängt unter anderem von der 28-Tage-Regelmäßigkeit des Zyklus ab. Die meisten Babys halten sich allerdings nicht strikt an diesen Plan. Eine Abweichung von +/–14 Tagen gilt als normal.

Januar	1	2	3	4	5	6	7	8	9	10	11	12	13	14	15	16	17	18	19	20	21	22	23	24	25	26	27	28	29	30	31
Oktober/November	8	9	10	11	12	13	14	15	16	17	18	19	20	21	22	23	24	25	26	27	28	29	30	31	1	2	3	4	5	6	7
Februar	1	2	3	4	5	6	7	8	9	10	11	12	13	14	15	16	17	18	19	20	21	22	23	24	25	26	27	28			
November/Dezember	8	9	10	11	12	13	14	15	16	17	18	19	20	21	22	23	24	25	26	27	28	29	30	1	2	3	4	5			
März	1	2	3	4	5	6	7	8	9	10	11	12	13	14	15	16	17	18	19	20	21	22	23	24	25	26	27	28	29	30	31
Dezember/Januar	6	7	8	9	10	11	12	13	14	15	16	17	18	19	20	21	22	23	24	25	26	27	28	29	30	31	1	2	3	4	5
April	1	2	3	4	5	6	7	8	9	10	11	12	13	14	15	16	17	18	19	20	21	22	23	24	25	26	27	28	29	30	
Januar/Februar	6	7	8	9	10	11	12	13	14	15	16	17	18	19	20	21	22	23	24	25	26	27	28	29	30	31	1	2	3	4	
Mai	1	2	3	4	5	6	7	8	9	10	11	12	13	14	15	16	17	18	19	20	21	22	23	24	25	26	27	28	29	30	31
Februar/März	5	6	7	8	9	10	11	12	13	14	15	16	17	18	19	20	21	22	23	24	25	26	27	28	1	2	3	4	5	6	7
Juni	1	2	3	4	5	6	7	8	9	10	11	12	13	14	15	16	17	18	19	20	21	22	23	24	25	26	27	28	29	30	
März/April	8	9	10	11	12	13	14	15	16	17	18	19	20	21	22	23	24	25	26	27	28	29	30	31	1	2	3	4	5	6	
Juli	1	2	3	4	5	6	7	8	9	10	11	12	13	14	15	16	17	18	19	20	21	22	23	24	25	26	27	28	29	30	31
April/Mai	7	8	9	10	11	12	13	14	15	16	17	18	19	20	21	22	23	24	25	26	27	28	29	30	1	2	3	4	5	6	7
August	1	2	3	4	5	6	7	8	9	10	11	12	13	14	15	16	17	18	19	20	21	22	23	24	25	26	27	28	29	30	31
Mai/Juni	8	9	10	11	12	13	14	15	16	17	18	19	20	21	22	23	24	25	26	27	28	29	30	31	1	2	3	4	5	6	7
September	1	2	3	4	5	6	7	8	9	10	11	12	13	14	15	16	17	18	19	20	21	22	23	24	25	26	27	28	29	30	
Juni/Juli	8	9	10	11	12	13	14	15	16	17	18	19	20	21	22	23	24	25	26	27	28	29	30	1	2	3	4	5	6	7	
Oktober	1	2	3	4	5	6	7	8	9	10	11	12	13	14	15	16	17	18	19	20	21	22	23	24	25	26	27	28	29	30	31
Juli/August	8	9	10	11	12	13	14	15	16	17	18	19	20	21	22	23	24	25	26	27	28	29	30	31	1	2	3	4	5	6	7
November	1	2	3	4	5	6	7	8	9	10	11	12	13	14	15	16	17	18	19	20	21	22	23	24	25	26	27	28	29	30	
August/September	8	9	10	11	12	13	14	15	16	17	18	19	20	21	22	23	24	25	26	27	28	29	30	31	1	2	3	4	5	6	
Dezember	1	2	3	4	5	6	7	8	9	10	11	12	13	14	15	16	17	18	19	20	21	22	23	24	25	26	27	28	29	30	31
September/Oktober	7	8	9	10	11	12	13	14	15	16	17	18	19	20	21	22	23	24	25	26	27	28	29	30	1	2	3	4	5	6	7

Die Wahl des Arztes und der Hebamme

Viele Frauen haben bereits vor der Schwangerschaft ihre Frauenärztin oder ihren Frauenarzt. Andere müssen sich erst orientieren oder wollen sich von einer Hebamme betreuen lassen.

Was Hebammen tun dürfen und was nicht

Grundsätzlich können Hebammen die meisten Maßnahmen, die von Ärzten im Rahmen von Geburtsvorbereitung, Vorsorge, Geburt und Nachsorge durchgeführt werden, ebenso erledigen. Ausnahmen sind zum Beispiel die Verordnung verschreibungspflichtiger Medikamente, medizinische Eingriffe wie der Kaiserschnitt oder auch Ultraschalluntersuchungen. Einige Hebammen führen auch die Vorsorgeuntersuchungen durch und stellen den Mutterpass aus.

Die Krankenkassen übernehmen die Kosten für die Leistungen der Hebammen, eine Überweisung durch den Hausarzt ist nicht erforderlich. Da alle Vorsorgeleistungen bei Kassenpatienten zuzahlungsfrei sind, fallen auch bei der Inanspruchnahme einer Hebamme grundsätzlich keine Kosten für die Schwangere an. Leistungen, die über den Katalog der Kassenleistung hinausgehen, können aber von der Hebamme separat in Rechnung gestellt werden. Dabei sind zum Beispiel einige Mittel so genannter alternativer Therapien wie etwa homöopathische Mittel bei der Kasse abrechenbar, anderes – wie Mineralien und Vitamine als Nahrungsergänzungsmittel – nicht.
Die Hebamme muss Sie vor einer Anwendung über die Kosten informieren. Nach der Geburt zahlen die Kassen den täglichen Besuch der Hebamme bis zum zehnten Tag nach der Entbindung, falls (Still-) Probleme auftreten auch länger.

Bei normal verlaufender Schwangerschaft ist es vor allem eine persönliche Entscheidung, ob Sie sich lieber einer Hebamme anvertrauen wollen oder ärztliche Betreuung vorziehen.

Wie finden Sie den richtigen Arzt?

Unabhängig von der fachlichen Qualifikation ist die Wahl des Frauenarztes oder der -ärztin eine sehr persönliche Entscheidung. Sie werden von ihm oder ihr über einen Zeitraum von mindestens zehn Monaten in einer für Sie sehr bedeutsamen Lebensphase betreut. Und es geht um den intimsten Bereich Ihres Körpers und das heranwachsende neue Leben.

Wenn Sie sich noch nicht für einen Arzt oder eine Ärztin entschieden haben, empfiehlt es sich, Freundinnen, Bekannte oder Kolleginnen nach deren persönlichen Erfahrungen zu fragen. Darüber hinaus können auch Beratungsstellen wie Pro Familia oder Frauengesundheitszentren Tipps geben.

gebotenen Untersuch

Alle Untersuchungen, Tests und Ultraschallbilder sind freiwillig. Sie müssen nicht in Anspruch genommen werden. Dies gilt besonders für zum Teil umstrittene Untersuchungen zur so genannten pränatalen Diagnostik, mit der Anzeichen für eine mögliche Behinderung festgestellt werden können. Diese Untersuchungen erfordern eine besonders intensive Beratung (››› Seite 23 ff.).

Im Normalfall werden drei Ultraschalluntersuchungen von der gesetzlichen Krankenkasse erstattet. Gegen Privatrechnung bieten viele Frauenärzte aber noch mehr Ultraschallbilder an („Babyfernsehen“). Die Ultraschallbilder sind faszinierend, aber medizinisch nur in begrenztem Umfang erforderlich. Je nachdem, wie umfänglich Sie beraten werden, müssen Sie mit zusätzlichen Kosten von etwa 20 bis 40 Euro rechnen. Wenn bestimmte Risikofaktoren vorliegen, übernimmt die Kasse dagegen auch alle weiteren Ultraschalluntersuchungen.

Beim ersten Besuch können Sie einen Termin zum Kennenlernen vereinbaren – auch ohne gynäkologische Untersuchung. Bringen Sie sich Zeit für ein ausführliches Gespräch mit. Treten Sie selbstbewusst auf und scheuen Sie sich nicht, Ihre Erwartungen, Sorgen oder Ängste zu äußern. Sprechen Sie den Ablauf der Untersuchungen vorab mit Ihrem Arzt oder Ihrer Ärztin durch und fragen Sie bei Unklarheiten sofort nach.

Haben Sie keine Scheu, Meinungsverschiedenheiten anzusprechen und Kritik zu äußern. Wechseln Sie den Arzt, wenn Sie sich unwohl fühlen oder Ihre Wünsche und Erwartungen nicht erfüllt werden.

check

Arztwahl

Das Vertrauensverhältnis zu Ihrem Arzt bzw. Ihrer Ärztin ist die entscheidende Basis. Sie wissen am besten, ob Sie sich wohl fühlen und mit welchem persönlichen Stil Sie am besten zurechtkommen.

Was ist Ihnen bei der Wahl eines Arztes oder einer Ärztin wichtig? Fühlen Sie sich kompetent betreut?

- ✓ Sind die Wartezeiten in der Praxis akzeptabel?
- ✓ Können Sie vor jeder Untersuchung ein Gespräch (in bekleidetem Zustand) führen?
- ✓ Müssen Sie nicht unnötig längere Zeit unbekleidet auf den Arzt oder die Ärztin warten?
- ✓ Nimmt sich der Arzt oder die Ärztin Zeit für Sie?
- ✓ Werden Sie umfassend über anstehende Untersuchungen und Vorgänge informiert?
- ✓ Wird Ihnen erklärt, warum Sie zum Beispiel Medikamente nehmen und was diese genau bewirken sollen?
- ✓ Werden Ihre Fragen so beantwortet, dass Sie dies verstehen?
- ✓ Lässt der Arzt oder die Ärztin Ihre Einwände und Bedenken gelten?
- ✓ Bei Bedarf: Kann Ihr Partner oder eine Person Ihres Vertrauens bei der Untersuchung anwesend sein?
- ✓ Werden Sie gedrängt, weitere Leistungen in Anspruch zu nehmen, die Sie neben der Chipkarte privat bezahlen sollen (IGeL-Angebote)?

Weitere Hinweise zur Arztwahl und zum Thema Arzt und Patient finden Sie auch im Ratgeber der Verbraucherzentralen „Patiententipps für den Arztbesuch“ (››› Seite 192).

Auf der Suche nach einer Hebamme

Wenn Sie sich für die Betreuung durch eine Hebamme entschieden haben, sollten Sie sich rechtzeitig anmelden, da viele Hebammen oft über Monate hinweg ausgebucht sind. Adressen von Hebammen können Sie über den Bund Deutscher Hebammen e. V. (››› Seite 182), das Branchenbuch oder die Krankenkassen bekommen. Meist können Sie auch eine Liste der ortsansässigen Hebammen bei der Geburtsklinik Ihrer Wahl anfordern. Dort wird man Ihnen ebenfalls mitteilen, welche externen Hebammen in den hauseigenen Kreißsälen zugelassen sind, um eigenständig eine Geburt zu leiten. Und natürlich können Sie nach Erfahrungen von Freundinnen, Kolleginnen und Bekannten fragen.

Kümmern Sie sich rechtzeitig um eine Hebamme

check

Was ist Ihnen bei der Wahl einer Hebamme wichtig? Fühlen Sie sich kompetent betreut?

Wahl der Hebamme

Welche Hebamme für Sie die richtige ist, dies ist wiederum eine sehr persönliche Entscheidung. Sie sollten sich gut aufgehoben fühlen. In jedem Fall sollten Sie zunächst einen Termin zum Kennenlernen vereinbaren.

- ✔ Arbeitet die Hebamme mit einem Arzt, einer Ärztin oder einer Klinik zusammen, die bei Komplikationen schnell Unterstützung bieten können?
- ✔ Unter welchen Umständen rät die Hebamme zu einer Geburt in einer Klinik?
- ✔ Unter welchen Umständen überweist die Hebamme an einen Arzt?
- ✔ Über welche Zusatzausbildung verfügt sie? Wendet sie spezielle (alternative) Methoden an?
- ✔ In welchem Umfang wird vorgeburtliche Betreuung angeboten?
- ✔ Werden Sie umfassend über alle Untersuchungen und Vorgänge informiert?
- ✔ Lässt die Hebamme Ihre Einwände und Bedenken gelten?
- ✔ Nimmt sie sich genügend Zeit für Sie?
- ✔ Bietet die Hebamme eine telefonische Rufbereitschaft an?

Vorsorgeuntersuchungen und Mutterpass

Für die Schwangerschaftsvorsorge haben Sie Anspruch auf ärztliche Betreuung oder Betreuung durch eine Hebamme. Soweit Ihnen aufgrund von Schwangerschaftsbeschwerden Arznei-, Verband- und Heilmittel verordnet werden, trägt die Kasse die dafür anfallenden Kosten.

Im Idealfall werden Sie zehn Vorsorgetermine wahrnehmen. Anfangs finden die Untersuchungen im Abstand von vier Wochen, kurz vor der Geburt alle 14 Tage oder wöchentlich statt. Nach Überschreiten des errechneten Geburtstermins wird alle zwei Tage untersucht. Die jeweiligen Ergebnisse werden im Mutterpass vermerkt.

Der Mutterpass wird Ihnen bei einer der ersten Untersuchungen von Ihrem Frauenarzt, Ihrer -ärztin oder Hebamme ausgehändigt und begleitet Sie während der ganzen Schwangerschaft. Bei allen Vorteilen, die sich aus dem Mutterpass ergeben können, fühlen sich manche Schwangere durch dieses Dokument auch verunsichert: Einerseits enthält der Mutterpass sehr persönliche Angaben über die Frau, alles Wichtige über die Schwangerschaft, den errechneten Geburtstermin und die Entwicklung des Kindes, andererseits ist das Ganze für einen Laien nur schwer oder gar nicht verständlich. Und die Lektüre des Heftchens kann manch eine Frau unter Umständen erst auf die Idee bringen, dass etwas in der eigenen Schwangerschaft problematisch sein oder werden könnte.

Sinn und Zweck des Mutterpasses ist es, den Verlauf der Schwangerschaft und mögliche Risiken schwarz auf weiß zu erfassen.

Was zahlt die Krankenkasse?

Alle Vorsorgeuntersuchungen in der Schwangerschaft sind kostenfrei, so lautet die Grundregel. Und es fällt in der Regel auch keine Praxisgebühr an. Die Kasse trägt jedoch nur die Kosten für solche Untersuchungen, die in der Mutterschafts-Richtlinie aufgeführt sind (also die des Mutterpasses). Alle anderen Vorsorgeuntersuchungen sind entweder völlig selbst zu bezahlen oder lösen, wenn sie von der Kasse übernommen werden, zumindest die Praxisgebühr aus. Auch die Behandlung aller schwangerschaftsbedingten Beschwerden ist zwar Kassenleistung, die Praxisgebühr muss jedoch bezahlt werden. Ärger gibt es manchmal, wenn es um die Feststellung der Schwangerschaft geht, da manche Ärzte dann die Praxisgebühr verlangen. Das Gesetz formuliert aber eindeutig, dass auch die Feststellung der Schwangerschaft von der Praxisgebühr befreit ist.

Weitere Kosten entstehen Schwangeren insbesondere, wenn sie Vitamin- und Mineralstoffpräparate empfohlen bekommen. Grundsätzlich werden nicht verschreibungspflichtige Präparate seit 2004 nicht mehr von der Kasse übernommen.

Die Entbindung selbst ist kosten- und zuzahlungsfrei, die Krankenhauszuzahlung von 10 Euro pro Tag fällt erst ab dem sechsten Tag an. Sie ist für maximal 28 Tage im Jahr zu leisten, frühere Krankenhausaufenthalte werden angerechnet.

Auf Reisen oder im Falle eines Wechsels von Arzt oder Hebamme sind dann alle wichtigen Informationen sofort zur Hand. Deshalb sollten Sie den Mutterpass ständig bei sich tragen, vor allem wenn Sie unterwegs sind oder sich im Ausland aufhalten. Das Dokument ist so konzipiert, dass es auch für ausländische Ärzte und Ärztinnen keine Verständnisschwierigkeiten gibt. Damit auch Sie die Sprache des Mutterpasses verstehen, wollen wir im Folgenden die einzelnen Eintragungen erläutern. Scheuen Sie sich trotzdem nicht, bei Fragen und Unklarheiten Ihren Arzt, Ihre Ärztin oder Hebamme direkt anzusprechen. Es geht vielen so: Denn Sie befinden sich in einer völlig neuen Situation, die Unsicherheit und Ängste mit sich bringen kann. Nachfragen und Erklärungen können hier nur helfen.

Was steht alles im Mutterpass?

Ein wichtiges Dokument in der Schwangerschaft: der Mutterpass

Seite 2/3

Hier werden die Ergebnisse der Blutuntersuchungen eingetragen, die für die Gesundheit von Mutter und Kind notwendig und ratsam sind, zum Beispiel die Blutgruppe. Das Wissen um die *Blutgruppe* der Mutter ist für Notfälle wichtig.

Darüber hinaus ist der *Rhesusfaktor* von großer Bedeutung. Die meisten Menschen in Deutschland haben einen positiven Rhesusfaktor. Nur etwa 15 Prozent sind rhesus-negativ. Wenn das Kind einer rhesus-negativen Mutter den positiven Rhesusfaktor des Vaters erbt, bilden sich im Blut der Mutter mit hoher Wahrscheinlichkeit Abwehrstoffe gegen die kindlichen roten Blutkörperchen. Dies kann zu einer Blutarmut (Anämie) beim Kind führen. Meist treten diese Probleme jedoch erst bei einer eventuell folgenden Schwangerschaft auf. Bei einer Rhesusunverträglichkeit wird die Entwicklung der Antikörper während der Schwangerschaft regelmäßig untersucht. In der 28. bis 30. Schwangerschaftswoche wird dann Anti-D-Globulin gespritzt. Danach kann die Rhesusunverträglichkeit keinen Schaden mehr anrichten. In der nächsten Schwangerschaft kann dann genauso verfahren werden.

Außerdem wird am Anfang der Schwangerschaft das Blut der Mutter auf *Röteln*-Antikörper untersucht. Wenn Sie diese Krankheit schon hatten oder erfolgreich gegen Röteln geimpft wurden, brauchen Sie sich während der Schwangerschaft nicht vor einer Ansteckung zu fürchten. Besonders während der ersten Schwangerschaftsmonate kann eine Rötelnerkrankung zu schweren Schädigungen beim Kind und auch zu Fehlgeburten führen. Impfungen sind nur vor der Schwangerschaft möglich. Außerdem muss zwischen Impfung und Eintreten der Schwangerschaft ein Sicherheitszeitraum von drei Monaten liegen.

Die Untersuchung auf *Chlamydien* zeigt eine bakterielle Infektion der Scheide oder der Harnröhre, die behandelt werden muss, da sonst die Gefahr einer Fehlgeburt besteht.

Weitere mögliche Blutuntersuchungen können sein: Hepatitis (Gelbsucht), Herpes, Lues (Syphilis) oder AIDS. Bei den beiden letztgenannten Untersuchungen wird nur die Durchführung des Tests im Mutterpass vermerkt, nicht jedoch das Ergebnis, das nur persönlich mitgeteilt und in der Krankenakte notiert wird.

Seite 4

Auf dieser Seite werden Einzelheiten über vorangegangene Schwangerschaften vermerkt. Eine mögliche Neigung zu Fehlgeburten (*Abort*) oder ein vorausgegangener Kaiserschnitt *(Sectio)* kann für die neue Schwangerschaft von Bedeutung sein. Eine ganz normale Geburt wird als Spontangeburt bezeichnet. *Vag. Operation* steht für Geburtshilfe mit Saugglocke oder Zange, *EU* („extrauterin“) für eine Schwangerschaft außerhalb der Gebärmutter (zum Beispiel Eileiterschwangerschaft). *Abruptio* bedeutet Schwangerschaftsunterbrechung. Unter *Tragzeit* versteht man die Dauer der Schwangerschaft.

Seite 5

Mit der Anamnese ist die gesundheitliche Vorgeschichte gemeint. Der Arzt, die Ärztin oder die Hebamme wird mit Ihnen eine Vielzahl von Fragen durchgehen, die für Sie oder Ihr Kind wichtig sein können. Dazu gehören Fragen zu Ihrer eigenen Gesundheit, nach Veranlagungen in der Familie, Problemen bei früheren Schwangerschaften und besonderen Belastungen (zum Beispiel im Beruf oder in der Partnerschaft).

Damit Sie sich nicht durch medizinische Fachausdrücke verwirren lassen müssen, hier eine kurze Übersetzungshilfe:

- Adipositas = Fettleibigkeit
- Diabetes Mellitus = Zuckerkrankheit
- genetische Krankheiten = Erbkrankheiten
- Hypertonie = Bluthochdruck
- Mangelgeburt = Geburt eines termingerecht ausgetragenen, aber untergewichtigen Kindes
- Rhesus-Inkompabilität = Rhesus-Unverträglichkeit
- Skelettanomalien = Fehlstellungen des Kochengerüsts
- Sterilitätsbehandlung = Behandlung von Unfruchtbarkeit
- Thromboseneigung = Neigung zu Blutgerinseln
- ZNS = zentrales Nervensystem

Lassen Sie sich bei positivem Befund erklären, ob bzw. welchen Einfluss er auf die Schwangerschaft hat.

Seite 6

Hier wird der voraussichtliche Geburtstermin des Babys eingetragen. Eine Schwangerschaft dauert durchschnittlich 266 Tage. Normalerweise wird zur möglichst genauen Bestimmung des Termins eine Ultraschalluntersuchung (››› Seiten 11, 19 und 21 ff.) gemacht. Hebammen führen keine Ultraschalluntersuchungen durch, sondern bestimmen den Geburtstermin nach einer Berechnungsmethode.

Unter „Besondere Befunde im Schwangerschaftsverlauf" werden mögliche Risiken und Ihr aktuelles Befinden eingetragen. Auch hier wieder eine Übersetzungshilfe:

- Abusus = Missbrauch von Alkohol oder anderen Genussgiften
- Einstellungsanomalie = unnormale Lage des kindlichen Kopfes während der Geburt
- Gestationsdiabetes = erstmals in der Schwangerschaft auftretender Diabetes
- Hydramnion = übermäßige Bildung von Fruchtwasser, Verdacht auf kindliche Missbildung
- Hypotonie = niedriger Blutdruck

Naegelsche Regel

Zur Berechnung des Geburtstermins werden zum ersten Tag der letzten Periode 7 Tage und 1 Jahr addiert und 3 Monate abgezogen. Dies gilt für einen Zyklus von 28 Tagen. Dauert er länger oder kürzer, werden die entsprechenden Tage hinzugefügt oder subtrahiert.

- Indirekter Coombstest = Antikörpersuchtest im Blut der Mutter (››› Seite 16)
- Isthmozervikale Insuffizienz = mangelnde Verschlussfähigkeit des Gebärmutterhalses
- Oligohydramnie = zu geringe Bildung von Fruchtwasser, Verdacht auf kindliche Missbildung
- Ödeme = Wassereinlagerungen im Gewebe
- Placenta-Insuffizienz = Funktionsstörung der Plazenta
- Placenta Praevia = Mutterkuchen versperrt den Geburtsweg

Lassen Sie sich durch diese Eintragungen nicht erschrecken. Nicht jedes Risiko bedeutet eine wirkliche Gefahr (››› Seite 50 ff.). Meist soll nur sichergestellt werden, dass die Schwangerschaft besonders gut überwacht wird. Scheuen Sie sich aber nicht zu fragen, was die Eintragungen in Ihrem Fall bedeuten.

Nicht jedes Risiko bedeutet Gefahr für Mutter und Kind

Seiten 7 und 8

Die Tabelle nennt sich Gravidogramm und enthält auf einen Blick alle Ergebnisse der Vorsorgeuntersuchungen. In der ersten Spalte wird das Datum der Untersuchung eingetragen, in der nächsten die Schwangerschaftswoche. In der darauf folgenden Spalte kann die Schwangerschaftswoche korrigiert werden. Das kann nötig sein, wenn eine Frau einen unregelmäßigen Zyklus hatte oder sich verrechnet hat. Bei einer Ultraschalluntersuchung kann man gerade in den ersten Schwangerschaftsmonaten genaue Rückschlüsse auf das tatsächliche Alter des Fötus ziehen: Anhand des errechneten Kopfdurchmessers kann das so genannte Gestationsalter („Reifezeichen“) des Kindes festgestellt werden, was dann möglicherweise zu einer Korrektur des Geburtstermins führt.

Der *Fundusstand* zeigt an, wo sich der obere Rand der Gebärmutter befindet. So bedeutet „Sy + 4” vier Finger breit über der Symphyse (Schambeinfuge); die Angaben können auch in Relation zum Nabel (N) oder zum Rippenbogen (Rb) angegeben werden.

Die *Kindslage* ist erst in den letzten Wochen vor der Geburt von Interesse. „SL” bedeutet Schädellage, also mit dem Kopf nach unten. „BEL” steht für Beckenendlage; das Kind liegt mit dem Po nach unten.

Herztöne können auch mit einem Hörrohr wahrgenommen werden

Herztöne können schon um die 8. Woche mit dem Ultraschallgerät nachgewiesen werden; dies wird mit „+“ gekennzeichnet.

Kindsbewegungen können heute per Ultraschall schon sehr früh festgestellt werden, manchmal bevor Sie sie spüren.

Ödeme sind Wasseransammlungen im Gewebe, *Varikosis* bedeutet Krampfadern (››› Seiten 50 und 47).

In der nächsten Spalte wird eingetragen, wie sich Ihr *Gewichtszuwachs* entwickelt. Bei einem normalen Schwangerschaftsverlauf nimmt die Frau während des ersten Drittels nur unwesentlich zu, im zweiten Drittel etwa vier Kilogramm und im letzten sechs bis acht Kilogramm (››› auch Seite 30 ff.). Aber keine Regel ohne Ausnahme: Leichte Abweichungen sind völlig normal.

In der nächsten Spalte wird der *Blutdruck* (RR steht für den Erfinder des Messverfahrens) notiert. Bei einer gesunden Frau liegt der erste (systolische) Wert normalerweise zwischen 120 und 140, der zweite (diastolische) zwischen 70 und 85. Der Blutdruck spielt vor allem in Verbindung mit Ihrem Gesamtzustand eine Rolle: Ein erhöhter Wert alleine kann bedeuten, dass Sie viel Aufregung haben und sich ein bisschen mehr Ruhe gönnen sollten. Aber in Verbindung mit Wasser im Gewebe und Eiweiß im Urin ist er ein alarmierendes Zeichen für eine eventuelle Schwangerschaftsvergiftung (››› Seite 50).

In der Spalte mit *Hb (Ery)* geht es um den Eisenwert im Blut der Mutter: Ein Wert von 12 Gramm pro Deziliter gilt als gut; wenn er unter 10 Gramm liegt, wird üblicherweise mit Eisenpräparaten oder Umstellung der Ernährung behandelt.

Urintests zeigen, ob weitere Untersuchungen nötig sind

Dann folgt die Spalte mit den Ergebnissen der *Urinuntersuchung* (Eiweiß, Zucker, Nitrit, Blut). Diese Werte können auf eine Schwangerschaftsvergiftung, auf Diabetes, Infektionen oder auf eine Nierenentzündung hinweisen.

Die *vaginale Untersuchung* soll zeigen, ob der Muttermund beim Tastbefund noch geschlossen ist. Außerdem kann sich der Arzt oder die Hebamme ein Bild von der Beschaffenheit des Gebärmutterhalses machen. Frühzeitige Veränderungen in diesem Bereich bedeuten meist, dass die Frau sich schonen muss. Wenn alles in Ordnung ist, wird dies mit „o. B." (ohne Befund) gekennzeichnet.

Alle weiteren Eintragungen im Gravidogramm sind individuell und können deshalb ganz unterschiedlich sein. Fragen Sie Ihren Arzt oder Ihre Hebamme, wenn Sie etwas nicht verstehen.

Seite 9

Die *cardiotokographischen Befunde* werden von einem Herzton-Wehenschreiber ermittelt. Diese Untersuchungen finden normalerweise erst im letzten Schwangerschaftsdrittel statt.

Seite 10 bis 14

Hier werden die Ergebnisse der Ultraschalldiagnostik eingetragen. Mindestens dreimal während der Schwangerschaft wird sich der Arzt oder die Ärztin mittels Ultraschall ein Bild von der Entwicklung Ihres Kindes und seiner Versorgung durch die Plazenta machen. Dabei bedeutet

- APD/AU = Durchmesser vom Nabel zum Rückgrat/Bauchumfang
- ATD = Durchmesser des Brustkorbs
- BPD = Kopfdurchmesser von Schläfe zu Schläfe
- Dopplersonographische Untersuchung = spezielle Ultraschalluntersuchung
- FL = Länge des Oberschenkelknochens
- FOD/KU = Kopfdurchmesser von Stirn zu Hinterhof/Kopfumfang
- FW = Fruchtwassermenge
- HL = Länge des Oberarmknochens
- Intrauteriner Sitz = Sitz der Plazenta in der Gebärmutter
- Konsiliaruntersuchung = Untersuchung durch einen weiteren Arzt
- Plazentaok. = Sitz und Aufbau des Mutterkuchens in der Gebärmutter
- SSL/FS = Scheitel-Steiß-Länge bzw. Fruchtsack
- US-Verlauf = Ultraschallverlauf

tipp

Mit der Ultraschalldiagnostik lässt sich häufig das Geschlecht des Kindes feststellen. Wollen Sie dies nicht vor der Geburt wissen, sagen Sie dies Ihrem Arzt oder Ihrer Ärztin vor der Untersuchung.

Das Diagramm auf Seite 13 zeigt die Entwicklung des kindlichen Körpers nach den Angaben der Ultraschalluntersuchungen im Verlauf der Schwangerschaft.

Seite 15

Die Eintragungen unter Abschlussuntersuchung/Epikrise beziehen sich auf Geburt und Wochenbett und sind im Wesentlichen gut verständlich. Stat. *Aufenthalt ante partum* bedeutet stationärer Krankenhausaufenthalt vor der Geburt, *S* steht für Kaiserschnitt. *Apgar-Zahl* 5´/10´ist der Wert über die Gesamtbeurteilung des Kindes 5 und 10 Minuten nach der Geburt (››› Seite 95 f.). Der *pH-Wert* aus der Nabelarterie gibt Aufschluss über die Sauerstoffversorgung des Kindes während der Geburt. Der direkte *Coombstest* ist ein Antikörpersuchtest im Blut des Kindes. Die *Anti-D-Prophylaxe* wird nur bei rhesus-negativen Müttern durchgeführt (››› Seite 16).

Ultraschalluntersuchung im 3. Monat

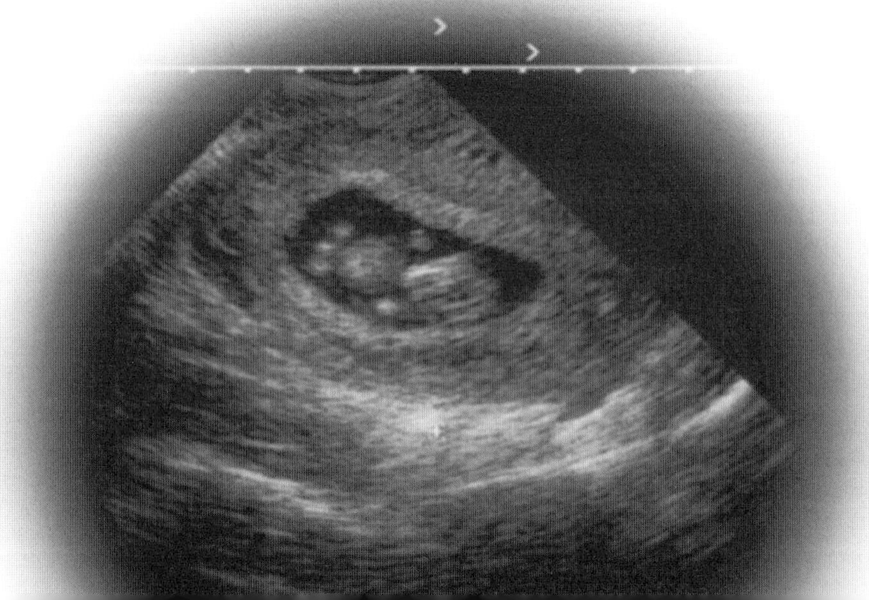

Pränatale Diagnostik

Die meisten Babys kommen in Deutschland gesund zur Welt. Zwei Prozent der Neugeborenen werden im Verlauf der Schwangerschaft (zum Beispiel durch Infektionen oder Unterversorgung) oder während der Geburt geschädigt und bei circa einem Prozent aller Babys liegen genetisch bedingte Entwicklungsstörungen vor.

Für Paare, bei denen erblich bedingte Krankheiten festgestellt wurden oder die bereits ein Kind mit schwerem Krankheitsbild haben, kann die pränatale Diagnostik eine Hilfe sein, die die Entscheidung für oder gegen eine erneute Schwangerschaft erleichtern kann. Eine Fruchtwasserpunktion oder eine Chorionzottenbiopsie kann die Wahrscheinlichkeit bestimmter genetisch bedingter Entwicklungsstörungen (wie Down-Syndrom oder Abweichungen der Geschlechtschromosomen) aufspüren. Allerdings besteht bei solchen Untersuchungen die Gefahr einer Fehlgeburt oder Schädigung des Kindes.

Aufklärungspflicht des Arztes bei Frauen über 35

Gynäkologen und Gynäkologinnen sind verpflichtet, jede Schwangere über 35 darüber aufzuklären, dass sie ein statistisch erhöhtes Risiko hat, ein Kind mit einer Chromosomenanomalie zu bekommen. Versäumt der Arzt dies, könnte die Frau ihn nach der Geburt eines behinderten Kindes auf Schadenersatz verklagen. Kritiker dieser Regelung befürchten, dass der vorgeburtliche Check-up des Ungeborenen zu einer neuen sozialen Verpflichtung für schwangere Frauen werden könnte.

Im besten Fall nimmt sich der Arzt viel Zeit und informiert Sie ausführlich über mögliche Befunde und Konsequenzen. Wird eine Frau unvorbereitet zu einer solchen Untersuchung geschickt, treten häufig heftige Zweifel auf. Da es üblicherweise einige Wochen dauert, bis das Ergebnis vorliegt, kann die Schwangere diese frühen Wochen ihrer Schwangerschaft unter Umständen nicht mehr unbeschwert genießen. Oder schlimmer noch: Sie wird ihre sich gerade entwickelnde Beziehung zum Kind erst einmal „auf Eis legen", aus Angst, es könnte mit dem Kind etwas nicht in Ordnung sein.

Hundertprozentige Sicherheit hat man auch nach einer solchen Untersuchung nicht.

Informieren Sie sich sorgfältig über das Für und Wider vor einer vorgeburtlichen Diagnostik

Vielen Frauen ist beim Gang zur Untersuchung auch noch gar nicht in letzter Konsequenz bewusst, welches Dilemma auf sie zukommt, sollte das Testergebnis auf eine Behinderung des Kindes hinweisen. Die Frauen stehen dann in dem Konflikt, sich für oder gegen das Leben ihres Kindes entscheiden zu müssen. Noch dazu ist die Schwangerschaft zu diesem Zeitpunkt meist schon so weit fortgeschritten, dass die werdende Mutter erste Kindsbewegungen spüren kann und ein Schwangerschaftsabbruch durch Ausschabung nicht mehr möglich ist. Die Schwangerschaft wird in diesem Fall durch eine eingeleitete Fehlgeburt beendet, was für viele Frauen eine enorme körperliche und seelische Belastung bedeutet. Bei dieser Entscheidung kann Beratung in Anspruch genommen werden. Pro Familia, Diakonisches Werk und andere Beratungsstellen bieten ihre Hilfe an.

In Zukunft soll der neu entwickelte Fish-Test das Ergebnis einer Fruchtwasseruntersuchung schon wenige Tage nach dem Eingriff, also schon um die 12. Schwangerschaftswoche möglich machen. Damit wäre das Risiko einer Fehlgeburt durch die Untersuchung zwar nicht gebannt, aber ein anschließender Abbruch könnte noch durch Ausschabung (statt nach der 16. Woche als eingeleitete Fehlgeburt) vorgenommen werden. Das ethische Problem der pränatalen Diagnostik ist damit aber so wenig gelöst wie zuvor.

Kosten der pränatalen Diagnostik

Wenn es eine medizinische Begründung gibt (ältere Schwangere ab 35, Vorerkrankungen, Behinderungen in der Familiengeschichte) übernehmen die gesetzlichen Krankenkassen die Kosten. Im Zweifel ist es sinnvoll, sich vor der Untersuchung bei der Kasse zu erkundigen.

Die entsprechenden Untersuchungen können aber auch ohne medizinische Notwendigkeit in Anspruch genommen werden, müssen dann aber selbst bezahlt werden. Die Kosten betragen dabei je nach Untersuchung bis zu 1 000 Euro.

Schwangerschaft verlangt von den werdenden Eltern immer ein bisschen Risikobereitschaft, denn auch ein gesund geborenes Kind kann erkranken oder verunglücken. Wenn Sie aus religiösen oder ethischen Gründen einen Schwangerschaftsabbruch grundsätzlich ablehnen, sollten Sie sich ernsthaft die Frage stellen, ob Sie die pränatale Diagnostik überhaupt in Anspruch nehmen wollen.

Nicht alle Untersuchungen werden von allen Krankenkassen bezahlt. Grundsätzlich gilt aber: Medizinisch notwendige, anerkannte Verfahren müssen von ihnen übernommen werden.

Humangenetische Beratung

Ererbte Krankheiten sind selten. Sollte ein Paar von Krankheiten in der Familie wissen oder miteinander verwandt sein, so kann es die Hilfe einer humangenetischen Beratungsstelle in Anspruch nehmen. Dort wird es über sein persönliches Risiko aufgeklärt, ein krankes oder behindertes Kind zu bekommen. Die Entscheidung, ob sie trotz eines möglicherweise erhöhten Risikos ein Kind bekommen möchten, müssen die Eltern dann selbst treffen. Die Adresse der nächstgelegenen Beratungsstelle erfahren Sie bei Ihrem Arzt, Ihrer Ärztin oder bei Ihrer Hebamme.

Fruchtwasseruntersuchung (Amniozentese)

Alle Untersuchungen sind mit Risiken verbunden ...

Ab der 16. Schwangerschaftswoche kann mit einer langen Nadel etwas Fruchtwasser aus der Gebärmutter entnommen werden. Die darin befindlichen Hautzellen des Embyos werden auf Chromosomenschäden (zum Beispiel Down-Syndrom) und Fehlbildungen des zentralen Nervensystems und der Wirbelsäule untersucht (zum Beispiel Spina bifida, Anenzephalie). Außerdem wird bei der Untersuchung festgestellt, welches Geschlecht das Kind hat.

Problematisch ist, dass das Ergebnis mehrere Wochen auf sich warten lässt und ein Abbruch dann nur noch als eingeleitete Frühgeburt möglich ist. Weiterhin besteht ein Risiko von etwa einem Prozent, dass die Untersuchung eine Fehlgeburt auslösen könnte. Als Folge der Untersuchung können Blutungen, vorzeitige Wehen, Infektionen, Bauchschmerzen sowie Fruchtwasserverlust auftreten.

Chorionzottenuntersuchung

Chorionzotten sind die Ausstülpungen des Chorions, das heißt, der kindlichen Seite der Plazenta. Diese Untersuchung kann schon ab der 9. Schwangerschaftswoche durchgeführt werden: Durch den Muttermund wird ein flexibler Schlauch geschoben, mit dem Zellen der Chorionzotten aus der Plazenta entnommen werden. Das Erbgut dieser Zellen ist identisch mit dem des Kindes. Da das Ergebnis schon innerhalb einiger Tage vorliegt, wäre zu diesem Zeitpunkt noch ein Abbruch durch Ausschabung möglich.

... 100%ige Sicherheit bekommen Sie nicht

Diesem Vorteil stehen jedoch schwere Nachteile gegenüber: Das Risiko einer Fehlgeburt ist höher als bei der Fruchtwasseruntersuchung und liegt je nach Studie bei ein bis drei Prozent. Außerdem können nur Chromosomenschäden und das Geschlecht des Kindes, nicht aber andere Fehlbildungen festgestellt werden. Auch diese Untersuchung kann Komplikationen wie Blutungen, Bauchschmerzen, vorzeitige Wehen oder Blasensprung zur Folge haben. Sie hat nachweislich schon zu Missbildungen an Fingern und Zehen des Kindes geführt.

Nackenfaltenmessung

Diese Untersuchung kann in der 10. bis 14. Woche durchgeführt werden. Dabei wird die Dicke der Nackenfalte gemessen. Dies soll als Hinweis für Chromosomenschäden (zum Beispiel Down-Syndrom) dienen. Das Verfahren ist umstritten, eine Wahrscheinlichkeitsaussage kann nur nach weiteren Untersuchungen (Chorionzottenuntersuchung, Fruchtwasseruntersuchung) getroffen werden. Denn die meisten Kinder, bei denen die Dicke der Nackenfalte auffällig ist, haben keine Chromosomenstörung!

Ein Mensch entsteht

So entwickelt sich Ihr Kind während der Schwangerschaft:

1. Monat (1. bis 4. Woche)
Schon bei der Befruchtung stehen viele Eigenschaften des Kindes bereits fest. Nicht nur das Geschlecht, sondern auch welche Haarfarbe, welche Augenfarbe oder welche Körperform Ihr Kind entwickeln wird. Das Erbgut bestimmt viele körperliche und seelische Faktoren, aber längst nicht alle. Der Körper der Mutter sorgt in diesen Wochen dafür, dass der Embryo optimale Voraussetzungen zum Wachsen erhält. Der Mutterkuchen, auch Plazenta genannt, muss sich noch entwickeln.

Schwangerschaftswochen und das Alter des Babys werden vom ersten Tag der letzten Regel gerechnet (sog. Gestationsalter), obwohl das Kind erst an den fruchtbaren Tagen in der Mitte des Zyklus gezeugt wurde.

2. Monat (5. bis 8.Woche)
Der kleine Embryo sendet Hormone aus, die den Körper der Mutter mit all seinen Organfunktionen jetzt auf „schwanger" umstellen. Das macht sich bei der Mutter oft durch Müdigkeit, Spannen der Brust und morgendliche Übelkeit bemerkbar. Der Blutkreislauf des Kindes beginnt zu arbeiten, das Herz fängt an zu schlagen und versorgt das Gehirn bereits mit Sauerstoff. Hände und Füße, Arme und Beine, aber auch Augen, Ohren, Nase und Mund sind schon angelegt.

3. Monat (9. bis 12. Woche)
Die Mutter kann die hormonelle Umstellung ihres Körpers nun deutlich wahrnehmen. Der Kreislauf arbeitet auf Hochtouren, um Baby und Gebärmutter besser zu versorgen. Typische Begleiterscheinungen der erhöhten Durchblutung können Nasen- und Zahnfleischbluten sein. Sie müssen häufiger zur Toilette. Das Baby macht erste Bewegungsübungen, der kleine Körper streckt sich. Finger und Zehen entwickeln sich und die Differenzierung der äußeren Geschlechtsmerkmale beginnt. Gegen Ende dieses Monats nennt man das Ungeborene nicht mehr Embryo (Keimling) sondern Fötus oder Fetus. Die Scheitel-Steiß-Länge (bezeichnet die Länge von Kopf bis Po, auch SSL abgekürzt) beträgt nun etwa 8 Zentimeter, das Gewicht ungefähr 45 Gramm.

4. Monat (13. bis 16. Woche)

Im Ultraschall kann man nun erkennen, ob es ein Mädchen oder ein Junge wird

Der Körper hat sich an die hormonelle Umstellung gewöhnt, Müdigkeit und Übelkeit stören Sie nicht mehr und der Bauch beginnt gerade erst richtig zu wachsen. Beim Kind sind alle Organe bereits angelegt, jetzt beginnt die Phase des Wachstums. Das zentrale Nervensystem steuert erste Bewegungen und Reflexe. Das Kind kann mit den Beinchen stoßen, Finger und Zehen bewegen und seinen Körper drehen. An Kinn und Stirn zeigen sich erste Härchen der feinen Laguno-Behaarung, die in den nächsten Monaten fast den ganzen Körper bedecken wird und erst kurz vor der Geburt wieder verschwindet. Am Ende der 16. Woche wiegt der Fötus etwa 200 Gramm, die Scheitel-Steiß-Länge beträgt circa 14 Zentimeter.

5. Monat (17. bis 20. Woche)

Die ersten Kindsbewegungen sind zu spüren

Das Baby reagiert jetzt schon auf Reize von außen. Es kann die Stimmen seiner Eltern hören und empfindet sanfte Musik als beruhigend. Es lutscht am Daumen, trinkt Fruchtwasser und kann strampeln, was die werdende Mutter wie leichtes Glucksen oder Flattern wahrnimmt. Beim ersten Kind spürt sie die Kindsbewegungen ungefähr ab der 20. Woche, beim nächsten etwa zwei Wochen früher, weil sie das Gefühl schon kennt. In diesem Monat wächst das Ungeborene vor allem in die Länge. Gegen Ende der 20. Woche ist es insgesamt etwa 25 Zentimeter lang (SSL 19 cm), was ungefähr der Hälfte seiner Körperlänge bei der Geburt entspricht, wiegt aber erst circa 450 Gramm.

6. Monat (21. bis 24. Woche)

Das Baby trainiert seine Muskeln und turnt. Fettgewebe lagert sich unter der Haut ab. Um seinen Körper herum entwickelt sich eine Cremehülle, die es gegen die Einwirkungen des Fruchtwassers schützt, die so genannte Käseschmiere. Nicht nur das Gehör ist schon gut entwickelt, das Ungeborene hat auch ein gewisses Wahrnehmungsvermögen. So kann es sogar die Stimmung seiner Mutter spüren, sei es nun freudige Erwartung und Zuneigung oder Ablehnung und Kummer. Gegen Ende des 6. Monats ist das Baby etwa 30 Zentimeter lang (SSL 21 cm) und wiegt ungefähr 700 Gramm.

7. Monat (25. bis 28. Woche)

In diesen Wochen legt das Baby an Gewicht zu (circa 1 200 Gramm) und wird etwa 40 Zentimeter groß (SSL 27 cm). Seine bisher verklebten Augen kann es nun öffnen und schließen; es bekommt Augenbrauen und Wimpern. Der Fetus trinkt täglich bis zu einem Liter des Fruchtwassers und hat manchmal sogar Schluckauf, den die Mutter deutlich spüren kann. Außerdem kann sie die Schlaf- und Wachphasen gut voneinander unterscheiden. Die Hälfte aller Babys nimmt schon jetzt die günstigste Geburtslage, die Schädellage, ein.

8. Monat (29. bis 32. Woche)

Das Baby ist nun schon weitgehend lebensfähig, muss aber noch kräftig an Gewicht zulegen: jede Woche circa 200 Gramm. Am Ende der 32. Woche wiegt es etwa 2 000 Gramm und ist 43 Zentimeter groß (SSL 30 cm). Die Vorsorgeuntersuchungen finden nun im Abstand von 14 Tagen statt und der dicke Bauch wird für die Mutter zunehmend beschwerlich.

9. Monat (33. bis 36.Woche)

Die Ungeduld wächst, dass das Baby endlich kommt

Nun wird es eng in der Gebärmutter, die Bewegungsfreiheit des Ungeborenen ist schon ziemlich eingeschränkt. Nach der 35. Schwangerschaftswoche ist die Lungenreifung so gut wie abgeschlossen, sodass das Baby ohne Probleme eigenständig atmen könnte. Die Körperformen runden sich weiter, die Laguno-Behaarung fällt langsam aus. Gegen Ende der 36. Woche wiegt das Baby etwa 2 900 Gramm und ist 47 Zentimeter lang (SSL 34 cm).

10. Monat (37. bis 40. Woche)

Spätestens jetzt nimmt das Baby seine Geburtslage ein, in den meisten Fällen die Schädellage. Unterstützt von den Senkwehen rutscht der Kopf immer tiefer ins Becken der Mutter. Das Baby produziert bereits eigene Hormone und bestimmt damit seinen eigenen Geburtstag ein wenig mit. In den letzten Wochen vor der Geburt wird das Kind mit wichtigen Reserven für die ersten Wochen und Monate nach der Geburt versorgt. Es speichert z. B. Eisen in seiner Leber und erhält von der Mutter Abwehrstoffe, die es gegen allerlei Krankheiten schützen werden, bis sein eigenes Immunsystem ausgebildet ist. Die Plazenta hat ihre Aufgabe erfüllt und beginnt zu altern. Das Kind misst nun von Kopf bis Fuß durchschnittlich 48 bis 54 Zentimeter (SSL 35 bis 38 cm) und wiegt zwischen 2 800 und 4 000 Gramm. In durchschnittlich 266 Tagen ist ein neuer Mensch entstanden, der nun bald zur Welt kommt und das Leben seiner Eltern völlig verändern wird.

Gesund und fit im Alltag

Wenn in diesem Ratgeber immer wieder von möglichen Komplikationen und Risiken während der Schwangerschaft gesprochen wird, sollte Sie dies nicht verunsichern.

Gönnen Sie sich Ihr persönliches Wohlfühl-Programm!

Schwangerschaft ist keine Krankheit und tatsächlich gehört diese Zeit für viele Frauen sogar zu den schönsten Erlebnissen in ihrem Leben. Die meisten Schwangerschaften verlaufen absolut problemlos. Die „anderen Umstände" sind etwas Besonderes, eine Art Ausnahmezustand, den man angenehm gestalten und durchaus genießen kann. Nehmen Sie sich und Ihre Bedürfnisse wichtig und achten Sie darauf, dass Sie sich wohl fühlen, denn das kommt ebenfalls Ihrem Kind zugute.

Es ist ganz natürlich, dass in dieser Zeit immer wieder Ängste und Sorgen auftauchen. Sie sollten sich jedoch nicht ständig mit Fragen quälen wie: „Mache ich alles richtig? Was könnte ich versäumt haben?" Eine gesunde Portion Zuversicht ist besser als übertriebene Vorsicht. Dennoch gibt es einiges, das Sie nun beachten können, damit Ihr Kind gute Bedingungen für den Start ins Leben erhält.

Ernährung

Die richtige Zusammensetzung Ihres Speiseplans ist wichtig

Eine spezielle „Schwangerschaftsernährung" gibt es nicht. Eine ausgewogene und abwechslungsreiche Kost ist für jeden gut, ob nun schwanger oder nicht, jung oder alt. Für viele Frauen ist die Schwangerschaft aber Auslöser, sich intensiver mit dem eigenen Körper und seiner Ernährung auseinander zu setzten.

Nicht für zwei essen

Der Nährstoffverbrauch einer schwangeren Frau ist nur wenig höher als vor der Schwangerschaft. Durchschnittlich steigt der Energiebedarf um 250 kcal pro Tag: Nicht nur Ihr Kind benötigt diese Energie zum Wachsen, auch bei Ihnen muss sich neues Körpergewebe bilden. Der Energiebedarf generell und auch der zusätzliche Bedarf durch die Schwangerschaft unterscheidet sich allerdings von Frau zu Frau. Erfahrungsgemäß benötigen die meisten Frauen den zusätzlichen Bedarf erst nach dem 4. Monat. Insbesondere jugendliche und untergewichtige Schwangere sollten aber auf eine ausreichende Energiezufuhr achten.

Empfehlungen für Verzehrsmengen in der Schwangerschaft
(Angaben pro Tag, soweit nicht anders angegeben)

	Grundbedarf bei nicht schwangeren, nicht stillenden Frauen	Mehrbedarf durch Schwangerschaft
Energie (kcal)	2 100	250
Reichlich		
Getränke (ml)	1 500	250
Brot, Getreide (g)	260	50
Kartoffeln, Reis, Nudeln (g)	180	50
Gemüse (g)	250	50
Obst (g)	250	50
Mäßig		
Milch/Milchprodukte (g)	425	50
Fleisch/Wurst (g)	60	100 g bzw. 1 Portion pro Woche
Fisch (g pro Woche)	200	100 g bzw. 1 Portion pro Woche *
Eier (Stück pro Woche)	2 bis 3	-
Sparsam		
Öl, Margarine, Butter (g)	35	5
fettreiche Lebensmittel (z. B. Schokolade, Torte, Chips) (g)	10	-
zuckerreiche Lebensmittel (z. B. Fruchtgummi, Marmelade) (g)	50	-

* fettreicher Fisch, z. B. Makrele, Lachs, Hering

Quelle: AID Infodienst/Deutsche Gesellschaft für Ernährung: Schwangerschaft und Stillzeit; Empfehlungen für die Ernährung von Mutter und Kind

Normalerweise muss sich die werdende Mutter in dieser Hinsicht aber keine Gedanken machen. Bei einer vernünftigen Ernährung wird sich die Gewichtszunahme ganz natürlich entwickeln. Der Körper verzeiht Ihnen dabei auch den ein oder anderen „Ausrutscher" mit Kalorienbomben wie Schokolade und Cremetorten. Erst ab einer Zunahme von mehr als 20 Kilogramm und bei ohnehin übergewichtigen Frauen kann das Gewicht zu einem Gesundheitsrisiko werden. Im Rahmen der Vorsorgeuntersuchungen wird Ihr Arzt die Gewichtsentwicklung verfolgen und Sie gegebenenfalls darauf ansprechen.

So verteilt sich das durch die Schwangerschaft zugelegte Gewicht

- Baby: 3 bis 4 kg
- Fruchtwasser: 0,5 bis 1 kg
- Mutterkuchen: 0,5 kg
- Gebärmuttermuskulatur: 1 bis 2 kg
- Brust: 250 bis 500 g (pro Brust)
- Muskeln und Fett: 4 bis 5 kg
- Blut und Wasser im Gewebe: 0,5 bis 1,5 kg

Ihr Körper benötigt Eiweiß, Fett, Kohlenhydrate, Ballaststoffe, Vitamine und Mineralstoffe sowie Spurenelemente in ausgewogenen Mengen. Außerdem ist eine gleichmäßige Nährstoffzufuhr wünschenswert. So ist es besser, über den Tag mehrere kleinere Mahlzeiten zu sich zu nehmen als zwei große.

Eiweiß wird für den Aufbau von Knochen, Muskeln und Organen des Kindes benötigt

Eiweiß befindet sich in Fleisch, Fisch und Milch, Milchprodukten, Eiern, aber auch in pflanzlichen Lebensmitteln wie Getreide, Hülsenfrüchten und Nüssen.

Beschränken Sie Ihren Fettkonsum auf 70 bis 80 Gramm pro Tag. Achten Sie dabei insbesondere auf die versteckten Fette wie zum Beispiel in Wurst, Mayonnaise, Sahne, Schokolade und Fettgebackenem. Wenn Sie zum Braten eine beschichtete Pfanne und zum Garen einen Schnellkochtopf verwenden, lässt sich viel unnötiges Fett sparen und es schmeckt trotzdem gut. Bei der Auswahl der sichtbaren Fette sollten Sie auf Qualität achten. Pflanzenöle mit einem hohen

Anteil ungesättigter Fettsäuren sind zu bevorzugen, zum Beispiel Sonnenblumen-, Maiskeim-, Weizenkeim- und Distelöl.

Kohlenhydrate sind schnelle Energiespender und in der Regel leicht verdaulich. Wertvolle Kohlenhydrate (Stärke und Ballaststoffe) befinden sich in Vollkornprodukten, Kartoffeln, Hülsenfrüchten, Obst und Gemüse. Mit Zucker sollten Sie jetzt besonders vorsichtig sein, denn die Zähne sind während der Schwangerschaft anfälliger für Karies (››› Seite 38).

Versorgung mit Vitaminen, Mineralstoffen und Spurenelementen
Bei einem abwechslungsreichen Speiseplan mit Salaten, Obst und Gemüse kann Ihr Körper seinen Bedarf an Vitaminen, Mineralstoffen und Spurenelementen meist problemlos decken. Der in der Schwangerschaft gesteigerte Bedarf an Calcium, Eisen und Jod sollte durch den gezielten Verzehr bestimmter Lebensmittel gewährleistet werden. Dann können Sie auf eine Zusatzversorgung mit diesen Stoffen in Pillenform verzichten.

Calcium benötigt das Ungeborene für seine schnell wachsenden Knochen. Trinken Sie möglichst viel Milch (ein halber Liter am Tag wäre ideal) und nehmen Sie täglich Milchprodukte wie Jogurt, Käse und Buttermilch zu sich.

Für die gesteigerte Blutmenge benötigt der Körper der Mutter mehr *Eisen*. Außerdem legt das Kind einen Eisenvorrat für seine ersten Lebensmonate an. Eisen befindet sich vor allem in Fleisch, Vollkornprodukten, Hülsenfrüchten und Gemüse. Auch wenn Leber einen besonders hohen Eisengehalt hat, sollten Sie auf den Verzehr während der Schwangerschaft möglichst verzichten. Denn die Leber ist von allen Fleischsorten am höchsten mit Schwermetallen belastet und so reich an Vitamin A, dass dies dem Embryo sogar schaden könnte. Bei gleichzeitigem Verzehr von Vitamin-C-haltigen Lebensmitteln kann die Eisenaufnahme aus pflanzlichen Lebensmitteln gesteigert werden. Schwarzer Tee und Kaffee vermindern im Körper die Aufnahme von Eisen, wenn er zu den Mahlzeiten getrunken wird, und sollte auch daher nur in Maßen genossen werden.

Verordnung von Eisenpräparaten, wenn der Bluttest auf einen Mangel hinweist

Leckere Vollwertrezepte

Probieren Sie doch mal Rezepte aus der Vollwertküche, gesund und schmackhaft zugleich! (Die Zutaten sind jeweils für vier Personen angegeben.)

Bunter Sprossensalat

- 8 EL Sprossen
- 150 g rote Paprikaschoten
- 150 g gelbe Paprikaschoten
- 1 Möhre
- 2 Zwiebeln
- 2 Tomaten
- 1 Salatgurke
- 2 EL Olivenöl
- 3 EL Essig
- Kräutersalz, Pfeffer
- 1 TL Senf
- Zitronensaft
- 2 EL Dill, gehackt

Die Gemüse waschen und würfeln oder in Streifen schneiden. Die Gurke nicht zu fein raspeln. Essig mit den Gewürzen, Senf und Dill verrühren und dann langsam das Öl zugeben und kräftig verrühren. Abschmecken. Gemüse mit den Sprossen mischen und alles mit der Salatsoße vermengen.

Gemüse-Lasagne

- 200 g Vollkorn-Lasagnenudeln
- 1 Zwiebel
- 1,5 EL Pflanzenöl
- 250 ml Milch (3,5 % Fett)
- 500 ml Gemüsebrühe (Soße)
- 6 EL Weizenvollkornmehl
- Jodsalz, Pfeffer
- Muskat
- 250 g Möhren
- 250 g Porree
- 250 g Kohlrabi
- 40 g Tomatenmark
- 100 ml Gemüsebrühe
- 100 g Gouda, gerieben

Die Nudeln vorkochen. Für die Soße Zwiebel würfeln und in Öl andünsten. Mehl einrühren und kurz anschwitzen. Milch und Brühe hinzugeben und unter Rühren aufkochen lassen. Mit Salz, Pfeffer und Muskat abschmecken. Das Gemüse waschen, putzen und in dünne Scheiben, Ringe oder Stücke schneiden und in der Brühe 5 min dünsten. Tomatenmark dazugeben. In eine gefettete Auflaufform eine Lage Nudeln geben. Darauf die Hälfte der Gemüsemischung verteilen und ein Drittel der Soße darüber gießen. Ein Drittel des geriebenen Käses darüber streuen, dann eine zweite Lage einfüllen, wieder mit den Nudeln beginnen. Zum Abschluss noch eine Lage

Nudeln und den Rest der Soße darauf verteilen. Mit dem restlichen Käse bestreuen. Bei 175 °C 35–40 min backen lassen.

Käse-Spinat-Kugeln

2 EL	Butter
100 g	Quark, Magerstufe
2 EL	Schnittlauch, gehackt
1 EL	Petersilie, gehackt
100 g	Emmentaler, gerieben
100 g	Spinat, zubereitet
	Jodsalz, Pfeffer
1	Knoblauchzehe, gepresst
1 EL	Pistazienkerne, gehackt
1 EL	Haselnusskerne, gerieben
1 EL	Vollkornbrösel

Weiche Butter, Quark (eventuell ausdrücken), Kräuter, Käse und den gut ausgedrückten Spinat sowie die Gewürze zu einer festen Masse vermischen. Im Kühlschrank ca. 30 min gut kühlen. Kleine Kugeln formen (5–6 pro Person) und diese in den gehackten Pistazien, den geriebenen Haselnüssen oder den Vollkornbröseln wenden.

Beilagen: Vollkornbrötchen, Norwegisches Fladenbrot , Vollkornknäckebrot, Vollkorncräcker.

Fisch-Gemüse-Klößchen

500 g	Seelachsfilet
1	Brötchen, altbacken
1	Knoblauchzehe
1 Bund	Suppengemüse
1 EL	Zitronensaft
1 Bund	Dill
1 EL	Olivenöl
1	Ei
1 EL	Kapern
	Pfeffer
3 EL	Vollkornbrösel
1 l	Gemüsebrühe
100 g	Crème fraîche
2 TL	Speisestärke

Brötchen einweichen. Knoblauch abziehen und fein würfeln. Suppengemüse putzen, waschen und sehr fein würfeln. Fisch säubern, fein hacken und mit Zitronensaft säuern. Das Olivenöl erhitzen, Suppengemüse und Knoblauch darin andünsten. Das Brötchen ausdrücken und in kleine Stücke teilen. Brötchen mit Fisch, Gemüse und Ei vermengen, mit Salz, Pfeffer und gehackten Kapern (nach Wunsch) würzen. Die Brösel noch zufügen und aus der Masse kleine Klößchen formen. Die Brühe aufkochen und die Klößchen darin 12 min gar ziehen lassen. Herausheben und warm stellen. Die Brühe eventuell durch ein Sieb gießen oder pürieren. Pro Person 150 ml Brühe abmessen. Die Crème fraîche einrühren. Speisestärke mit etwas Wasser (oder Milch) anrühren und ebenfalls zufügen. Soße aufkochen, mit Salz und Pfeffer abschmecken und den gehackten Dill unterrühren. Noch 3 min ziehen lassen.

Beilagen: Naturreis, Rohkostsalat, Gurkengemüse

Wenn Sie Geschmack auf mehr haben: Weitere Rezepte finden Sie im Ratgeber „Vollwertküche“ (››› Seite 191).

Wir leben in Deutschland in einem Jodmangelgebiet. Um eine ausreichende Versorgung mit *Jod* während der Schwangerschaft sicher zu stellen, sollten Sie einmal pro Woche Seefisch und mit Jodsalz hergestellte Lebensmittel (zum Beispiel Brot) essen sowie jodiertes Speisesalz verwenden. Da aber ein Großteil der Bevölkerung hierzulande unter Jodmangel leidet und einige Kinder bereits mit einer Struma (Kropf) zur Welt kommen, empfehlen einige Fachleute grundsätzlich, während der Schwangerschaft Jodtabletten vorbeugend einzunehmen.

Oft verschrieben: Jodtabletten, Folsäure- und Vitamin-B-Präparate

Viele Mediziner sind auch der Ansicht, dass selbst eine ausgewogene Ernährung den gesteigerten Bedarf der Mutter an *Folsäure* und *B-Vitaminen* nicht decken kann, und verschreiben daher entsprechende Präparate.

Genügend trinken

Trinken Sie mindestens 1,5 Liter täglich

Wegen des erhöhten Flüssigkeitsbedarfs sollten Sie möglichst viel trinken. Gut geeignet sind (stilles) Mineralwasser, Obst- und Fruchtsäfte ohne Zuckerzusatz, Kräuter- und Früchtetees. Trinken Sie möglichst nicht mehr als drei Tassen Kaffee am Tag. Wenn Ihnen dies schwer fällt, können Sie auf entcoffeinierte oder coffeinreduzierte Kaffeesorten umsteigen.

Ernährung zur Allergievorbeugung?

Bislang konnte nicht bewiesen werden, dass das Kind später vor Allergien geschützt ist, wenn Sie in der Schwangerschaft auf Lebensmittel verzichten, die Allergien auslösen können (z. B. Milchprodukte, Nüsse, Erdbeeren, Sojaprodukte). Daher sollten Lebensmittel, die für die Ernährung in der Schwangerschaft besonders wichtig sind, also insbesondere Milch und Milchprodukte, nicht weggelassen werden.

Vegetarische Ernährung in der Schwangerschaft

Grundsätzlich ist auch eine vegetarische Ernährung in der Schwangerschaft möglich. Das größte Problem beim bewussten Verzicht auf Fleisch ist ein entstehender Eisenmangel. Sinkt der Eisenwert zu stark ab, können in Absprache mit der Frauenärztin Eisenpräparate genommen werden, um so die Werte zu verbessern. Eine rein vegane Ernährung, also der Verzicht auf alle tierischen Produkte, ist wegen der enormen Bedeutung insbesondere von Milch und Milchprodukten, aber auch von Eiern und Fisch für die Ernährung von Schwangeren nicht zu empfehlen.

Rauchen und Alkohol

Auch wenn es schwer fällt, das Rauchen sollten Sie spätestens jetzt sein lassen, denn es schadet nicht nur Ihnen, sondern in hohem Maße dem heranwachsenden Leben. Nikotin verengt die Blutgefäße, Gebärmutter und Plazenta werden schlechter durchblutet, das Baby bekommt weniger Sauerstoff und Nährstoffe. Das erklärt, warum Raucherinnen häufiger untergewichtige Kinder zur Welt bringen. Die Säuglingssterblichkeit ist erhöht und das Risiko einer Fehl- oder Frühgeburt steigt. Außerdem haben Kinder von Raucherinnen ein erhöhtes Risiko, im ersten Lebensjahr am plötzlichen Kindstod zu sterben.

Auch Passivrauchen ein Problem für das Baby

Alles in allem gute Gründe, alle Willenskraft zusammen zu nehmen und dem Kind zuliebe dem Rauchen abzuschwören. Da durch passives Mitrauchen ebenfalls Gesundheitsschäden drohen, sollten Sie auf einer weitestgehend rauchfreien Umgebung bestehen. Im Beruf haben Sie in der Zeit der Schwangerschaft übrigens Anspruch auf einen rauchfreien Arbeitsplatz!

Beim Alkohol scheiden sich die Geister. Während die einen der Meinung sind, man könne ruhig ein Glas Wein am Abend trinken, fordern andere absolute Abstinenz während der Schwangerschaft. Tatsache ist, dass gelegentlicher hoher, aber auch regelmäßiger geringer Konsum zu schweren Schäden beim Kind führen können. Wachstumsverzögerungen, Mangelgeburten (untergewichtige Neugeborene), körperliche Missbildungen und geistige Behinderungen können die Folge sein. Fehl-, Früh- und Totgeburten treten häufiger auf.

Deshalb sollten Schwangere generell auf Alkohol verzichten. Wenn Sie zu einem feierlichen Anlass ein Gläschen mittrinken oder sich an einem gemütlichen Abend mit einem Glas Rotwein etwas Gutes tun möchten, ist dagegen bestimmt nichts einzuwenden. „Harte Sachen" sollten Sie auf jeden Fall meiden.

Die Zähne

Jede Schwangerschaft kostet einen Zahn, so hieß es früher. Dies muss nicht sein. Es kann jedoch wegen der stärkeren Durchblutung in der Schwangerschaft zu vermehrtem Zahnfleischbluten kommen. Und die Kariesgefahr steigt, da der Speichel saurer wird.

tipp

Nach einem Erbrechen nicht sofort die Zähne putzen, da der Zahnschmelz durch die Magensäure angegriffen ist und durch die Bürste zusätzlich leidet. Ausspülen mit Wasser oder Mundwasser ist besser.

Chronische Entzündungen an Zahnfleisch oder Zähnen geraten zunehmend in den Verdacht, Auslöser von Frühgeburten sein zu können. Anzeichen für solche Entzündungen sollten mit dem Zahnarzt besprochen werden.

Was hilft?

- Pflegen Sie Ihre Zähne während der Schwangerschaft besonders sorgfältig
- Essen Sie calcium- und Vitamin-C-reiche Nahrungsmittel.
- Achten Sie insgesamt auf eine gesunde Ernährung und verwenden Sie zuckerreiche Lebensmittel nur sparsam.
- Gehen Sie während der Schwangerschaft zu Ihrem Zahnarzt oder Ihrer Zahnärztin. Weisen Sie – wie bei anderen Arztbesuchen auch – auf Ihre Schwangerschaft hin. In dieser Zeit sollten Sie keine Amalgam-Sanierung vornehmen lassen.

Übrigens gehört auch die ärztliche Beratung zur Mundgesundheit und ihrer Bedeutung für Mutter und Kind sowie die Einschätzung und Bestimmung des Kariesrisikos zu den kostenlosen Leistungen der gesetzlichen Krankenkassen.

Leider zahlen die Kassen die dabei vorgeschlagenen Maßnahmen, wie zum Beispiel eine professionelle Zahnreinigung, nicht. Private Kassen übernehmen diese Leistungen dagegen in der Regel.

Haut und Haare

Die Haare sind in der Schwangerschaft bei vielen Frauen kräftiger und zahlreicher. Das liegt daran, dass der Körper vermehrt das Hormon Östrogen bildet. Dies bewirkt unter anderem, dass sich die Haare länger in der Kopfhaut halten können. Da zusätzlich auch neue Haare nachwachsen, wird das Haar dichter als vor der Schwangerschaft. Leider stellt sich die Kopfhaut nach der Geburt ziemlich schnell wieder um. Ein vermehrter Haarausfall ist deshalb dann ebenfalls normal.

Zur Haarpflege in der Schwangerschaft kann das gewohnte Schampoo genommen werden, von aggresiven Tönungen und anderen starken chemischen Mitteln wird eher abgeraten, da über den Hautkontakt eine Aufnahme der Chemikalien durch den Körper nicht ausgeschlossen werden kann.

Der veränderte Stoffwechsel in der Schwangerschaft sorgt auch für eine verbesserte Durchblutung. Dadurch und durch vermehrte Wassereinlagerungen wird die Haut straffer und sieht rosiger aus. Der Hormonschub kann die Pigmentbildung der Haut verstärken und je nach Veranlagung zu eine vermehrten Entstehung von Muttermalen führen. Manche Schwangere haben auf dem Bauch eine schwache dunkle Linie (die „linea nigra“), die aber zumeist nach der Schwangerschaft wieder verblasst.

Die Hautpflege kann wie gewohnt erfolgen. Pflegende Öle können dabei insbesondere bei müden Beinen oder zu trockener, juckender Haut helfen.

Zur Vorbereitung auf das Stillen können in den letzten Schwangerschaftswochen die Brustwarzen durch Massagen (z. B. mit einem Handtuch) schon widerstandsfähiger gemacht werden.

tipp

Schon während der Schwangerschaft können Sie etwas tun, um einem Dammschnitt oder -riss vorzubeugen: Massieren Sie das Dammgewebe regelmäßig mit Weizenkeimöl und fangen Sie schon frühzeitig mit Beckenbodenübungen an. Ein gutes Bewusstsein für diese Körperregion kann Ihnen dabei helfen, dass Sie Ihr Kind während der Austreibungsphase nicht zu ruckartig herauspressen (››› auch Seite 85).

Sport

Sport macht auch den Embryo fit

Allgemein gilt, dass eine gesunde Frau während einer problemlos verlaufenden Schwangerschaft weiter Sport ausüben kann und sollte. Bewegung an der frischen Luft und ein angeregter Kreislauf erhöhen die Sauerstoffversorgung des Ungeborenen. Allerdings gibt es Sportarten, die jetzt besonders gefährlich sein können. So kann ein Sturz beim Reiten oder Skifahren nicht nur dem Kind schaden oder zu einer Fehlgeburt führen, auch das Verletzungsrisiko für die Mutter ist jetzt größer, da die Knochenverbindungen während der Schwangerschaft aufgelockert sind. Vermeiden Sie außerdem Sportarten, bei denen es zu ruckartigen Stößen kommen kann (Reiten, Skifahren, Squash). Schonender sind Schwimmen, Wandern und Rad fahren. Achten Sie darauf, dass Sie sich nicht überanstrengen und erkundigen Sie sich im Zweifelsfalle bei Ihrem Arzt, Ihrer Ärztin oder Ihrer Hebamme.

Schwangerschaftskleidung

Auch bei der Kleidung gilt: Sie sollen sich wohl fühlen. Ihr Bauch wird Ihnen genau mitteilen, was gefällt und was nicht, denn meist ist er etwas druckempfindlich. Enge Bündchen und alles, was drücken könnte, ist jetzt fehl am Platz.

In den ersten Monaten reichen etwas weitere Hosen und Röcke. Prüfen Sie, ob sich die Hosen Ihres Partners eignen. Er wird sie Ihnen bestimmt gern für ein paar Monate überlassen. Den Bund der eigenen Hosen und Röcke können Sie erweitern, indem Sie zwischen Knopf und Knopfloch ein elastisches Gummibändchen knoten und dieses Flickwerk mit einer langen Bluse oder einem weiten Pulli kaschieren. Gerade in der Übergangszeit, wenn die normalen Kleidungsstücke anfangen zu kneifen, spezielle Umstandsmode aber noch viel zu weit ist, können Sie sich so helfen. Achten Sie bei BHs auf einen guten Sitz. Wenn Sie in der Schwangerschaft größere BHs benötigen, können Sie gleich Still-BHs kaufen, denn die sollten auch circa zwei Nummern größer sein als die, die Sie normalerweise tragen.

tipp

Kaufen Sie nicht gleich Ihre ganze Umstandsgarderobe – Sie wissen nicht, wie Bauchumfang und Wetter sich entwickeln werden.

Unter modischen Aspekten gesehen, ist erfreulicherweise alles angesagt, was gefällt. Ob kurz oder lang, ob ganz weit oder bauchbetont, alles ist möglich. Umstandsmode gibt es in vielen Variationen und Preisklassen von der speziellen Unterwäsche über praktische Jeans bis hin zum „kleinen Schwarzen" für festliche Anlässe. Manche Frauen kommen fast ohne zusätzliche Kleidungsstücke aus, andere gönnen sich eine komplett neue Umstandsgarderobe. Entscheiden Sie selbst, was Sie wirklich brauchen. Auch hier lohnt es sich, nach gebrauchter Umstandsmode Ausschau zu halten.

Vielleicht können Sie sich das ein oder andere Teil bei einer Freundin leihen, die gerade keinen Bedarf hat. Viele Secondhandläden für Kinder haben eine eigene Ecke mit Umstandsmode eingerichtet. Und es lohnt der Blick in den Anzeigenteil der Tageszeitung.

Übrigens: Auch Ihre Füße können sich während der Schwangerschaft um eine halbe bis eine Größe verändern!

Urlaub

In ein paar Monaten werden Sie eine „richtige Familie" sein. Da bietet es sich an, mit dem Partner, Freunden oder alleine ein paar Urlaubstage zu verbringen. Reisen sind grundsätzlich zu jedem Zeitpunkt der Schwangerschaft möglich, sollte aber keinen Stress verursachen, sondern eine echte Erholung für Sie sein. Meiden Sie große körperliche Anstrengung. Stimmen Sie Ihr Vorhaben mit Ihrem Arzt, Ihrer Ärztin oder Hebamme ab. Die beste und sicherste Zeit für Reisen liegt zwischen dem 5. und 7. Monat, weil dann das Risiko einer Fehlgeburt oder vorzeitiger Wehen am geringsten ist. Außerdem stört der Bauch noch nicht.

tipp

Haben Sie Ihren Urlaub während der Schwangerschaft nicht in vollem Umfang nutzen können, muss der Arbeitgeber den Resturlaub nach der Elternzeit im laufenden oder folgenden Urlaubsjahr einräumen.

Von Fernreisen wird wegen der klimatischen Umstellung und dem erhöhten Infektionsrisiko im Allgemeinen abgeraten. Besondere Risiken ergeben sich für Schwangere, weil bei ihnen die Möglichkeit der Arzneimitteleinnahme zur Vorbeugung und Behandlung von Krankheiten erheblich eingeschränkt sind, da sie das ungeborene Kind schädigen können oder hinsichtlich ihrer Wirkungen noch nicht ausreichend untersucht sind. Für viele Medikamente, die für die Reiseapotheke vorgeschlagen werden, enthalten die gängigen Arzneimittelverzeichnisse Warnhinweise zur Einnahme während der Schwangerschaft. Auch eine Immunisierung durch Impfungen mit Lebendimpfstoffen, die für bestimmte Länder vorgeschrieben sind, sollte nicht erfolgen. Generell sollten Impfungen im ersten Drittel einer Schwangerschaft vermieden werden.

Wenn Sie weitere Strecken zurücklegen möchten, ist eine Bahnfahrt wahrscheinlich angenehmer als die Fahrt mit dem Auto. Auch Fliegen ist in der Regel kein Problem, allerdings befördern viele Fluggesellschaften keine Schwangeren ab dem 8. Monat. Erkundigen Sie sich bei der Fluggesellschaft, wenn Sie einen Flug planen.

Wichtig auf Reisen ist eine Reisekrankenversicherung. Sollte der Versicherer jedoch in einer Klausel ausschließen, dass er für die Schwangerschaftsüberwachung und Entbindung sowie deren Folgen zahlt, dann ist dies ungültig. Solche Klauseln dürfen nach einem Urteil des Bundesgerichtshofs nicht mehr verwendet werden.

Lust und Liebe

Partnerschaft und Sexualität verändern sich in der Schwangerschaft und werden von den Paaren sehr unterschiedlich erlebt. Viele Paare erleben gesteigertes Lustempfinden und neue Leidenschaft, was zum Teil dadurch erklärt werden kann, dass die weiblichen Geschlechtsorgane nun viel besser durchblutet werden. Andere Frauen leiden vor allem zu Beginn der Schwangerschaft unter bleierner Müdigkeit und Übelkeitsattacken, die Lust und Leidenschaft gar nicht erst aufkommen lassen. Auch die Empfindungen der Partner sind sehr unterschiedlich. Der eine fühlt sich von den immer üppiger werdenden Formen seiner Partnerin angezogen, der andere erkennt sie nicht mehr wieder, ihr Körper wird ihm fremd. Noch dazu sitzt ein winziges Wesen im Bauch, das die Gedanken seiner Mutter und ihren Alltag völlig beansprucht. Zukünftige Veränderungen im Leben des Paares zeichnen sich schon ab und wirken vielleicht bedrohlich. Hinzu kommt häufig die Angst, dem Kind durch körperliche Liebe möglicherweise zu schaden.

Sex hat keinen Einfluss auf den Verlauf einer normalen Schwangerschaft

Bei einer normalen, problemlos verlaufenden Schwangerschaft besteht kein Grund zur Sorge. Das Baby befindet sich gut gepolstert in der Gebärmutter und der schützende Schleimpfropf lässt keine Krankheitskeime durch.

Frauen, die schon Fehlgeburten hatten, sollten in den ersten drei Monaten an den Tagen auf Geschlechtsverkehr verzichten, an denen normalerweise die Regel fällig wäre. Auch wenn vorzeitige Wehen zu befürchten sind, wird Ihnen Ihr Arzt oder Ihre Ärztin von Geschlechtsverkehr abraten. Fragen Sie, wenn Sie Sorge haben oder verunsichert sind.

Auch mit Ihrem Partner sollten Sie das Thema Sexualität offen besprechen. Eine werdende Mutter benötigt nun besonders liebevolle Unterstützung und viel Verständnis. Das Wichtigste ist, dass Sie sich gut fühlen und sich keine Sorgen machen.

Schwangerschafts-beschwerden

In den ersten Monaten sind Sie vielleicht ständig müde: Gönnen Sie sich ausreichend Schlaf!

Dass sich der Körper nun ganz auf die Schwangerschaft und das heranwachsende Kind einstellt, hat für die Mutter leider oft auch ein paar unangenehme Begleiterscheinungen. In den meisten Fällen kann man mit ungefährlichen, natürlichen Mitteln und vielfach erprobten Tipps diese Beschwerden mildern oder ganz vermeiden.

Übelkeit

Im 2. und 3. Schwangerschaftsmonat leiden mehr als die Hälfte aller schwangeren Frauen unter morgendlicher Übelkeit und gelegentlichem Erbrechen. Als Erklärung dafür werden die hormonelle Umstellung des Körpers und möglicherweise auch psychische Faktoren angeführt. Manche Frauen werden aber den ganzen Tag über von Brechreiz-Attacken gequält bis hin zum so genannten unstillbaren Erbrechen, was gefährlich sein kann und behandlungsbedürftig ist. Normalerweise gehören diese Beschwerden ab dem 4. Schwangerschaftsmonat der Vergangenheit an.

tipp

Auch nicht verschreibungspflichtige Medikamente gegen „Alltagsbeschwerden" sollten nur nach Rücksprache mit der Ärztin oder dem Arzt genommen werden.

Was hilft?

- Belasten Sie Ihren Magen nicht mit großen, schweren Mahlzeiten. Nehmen Sie mehrmals am Tag einen leichten Imbiss zu sich.
- Wenn Sie besonders unter morgendlicher Übelkeit leiden, frühstücken Sie schon ein bisschen im Bett (zum Beispiel Zwieback, Apfel oder Jogurt) und lassen Sie sich Zeit mit dem Aufstehen. Bringen Sie Ihren Kreislauf in Schwung, indem Sie noch liegend mit den Füßen kreisen und sich strecken. Bitten Sie Ihren Partner, Ihnen eine Tasse Tee ans Bett zu bringen oder stellen Sie sich schon am Vorabend etwas zu essen und zu trinken ans Bett.
- Wenn Sie jetzt besonders gerne saure oder pikante Sachen essen, geben Sie diesen Gelüsten ruhig nach.
- In schweren Fällen hat sich die Akupunktur als hilfreiche Behandlungsmethode bewährt. Dies wird im Allgemeinen nicht von der gesetzlichen Krankenkasse übernommen; bei Privatversicherten hängt dies vom Vertrag ab

Verstopfung

Das Hormon Progesteron sorgt während der Schwangerschaft dafür, dass sich die glatte Muskulatur im Unterleib entspannt. Davon ist aber leider nicht nur die Gebärmutter betroffen, sondern auch der

Darm und der Magen. Deshalb ist eine Verstopfung immer mal wieder fast unausweichlich. Verzichten Sie auf Abführmittel und Einläufe, da beides Wehen auslösen kann.

Ein, zwei Tage ohne Stuhlgang gelten noch als normal

Was hilft?

- Bewegen Sie sich ausreichend. Es regt die Verdauung an.
- Auch eine sanfte Bauchmassage mit Fenchelöl soll hilfreich sein.
- Frisches Obst und Gemüse, Vollkorn- und Sauermilchprodukte sorgen für einen weicheren Stuhlgang.
- Darüber hinaus helfen im Ernstfall getrocknete Pflaumen, Pflaumensaft, Feigen, Leinsamen oder etwas Milchzucker.
- Trinken Sie viel.

Sodbrennen

Schon zu Beginn der Schwangerschaft kann es zu Sodbrennen kommen, da unter dem Einfluss der Hormone der Schließmuskel am Mageneingang weicher wird. So kann saure Magenflüssigkeit in die Speiseröhre gelangen und die empfindlichen Schleimhäute reizen. Später in der Schwangerschaft drückt die immer größer werdende Gebärmutter auf den Magen, sodass Teile des Mageninhalts hochgepresst werden können.

Was hilft?

- Nehmen Sie kleinere Mahlzeiten über den Tag verteilt zu sich.
- Legen Sie den Oberkörper etwas höher – bei Bedarf auch nachts.
- Zerkauen Sie ein paar Haselnüsse oder Mandeln zu einem Brei und schlucken Sie ihn langsam in kleinen Portionen hinunter. Das neutralisiert die Säure.

Krampfadern und Hämorrhoiden

Durch die verstärkte Wassereinlagerung im Gewebe, die allgemeine Gefäßerweiterung und den zunehmenden Druck der Gebärmutter auf die Beckenvenen kann es dazu kommen, dass der Rückfluss des Blutes in den Beinen schlechter funktioniert. Folgen können Krampfadern und Hämorrhoiden sein. Falls Sie eine erbliche Veranlagung zu diesen Leiden mitbringen, sollten Sie besonders vorsichtig sein und Ihren Arzt oder Ihre Ärztin darüber informieren.

Die Venen müssen in der Schwangerschaft mehr leisten

Was hilft?

- Bewegen Sie sich ausreichend. Dies bringt die Blutzirkulation in Schwung. Längeres Stehen kann sich dagegen sehr nachteilig auswirken.
- Legen Sie in Ruhepausen immer wieder die Beine hoch.
- Wenn Sie eine Veranlagung zu Krampfadern haben, bitten Sie Ihren Arzt oder Ihre Ärztin, Ihnen Kompressionsstrümpfe zu verschreiben. In Sanitätshäusern gibt es eine große Auswahl; die Kosten einfacher Modelle werden von der Kasse übernommen. Und tragen Sie dann diese Strümpfe auch regelmäßig.
- Kniestrümpfe dürfen unter dem Knie auf keinen Fall das Gewebe einschnüren.
- Achten Sie außerdem auf bequeme Schuhe, in denen der Fuß natürlich abrollen kann.

Hämorrhoiden sind Gefäßerweiterungen am Enddarm und machen sich durch Schmerzen, Juckreiz oder gar Blutspuren im Stuhl bemerkbar. Scheuen Sie sich nicht, Ihren Arzt, Ihre Ärztin oder die Hebamme von Ihren Beschwerden zu unterrichten.

Was hilft?

- Lassen Sie sich lindernde Salben und Zäpfchen verordnen.
- Auch Sitzbäder in lauwarmem Wasser mit entzündungshemmenden Zusätzen (Kamille, Malve, Eichenrinde) können angenehm sein. Achten Sie darauf, dass das Wasser nicht zu heiß ist, weil dies wiederum zu Gefäßerweiterungen führt!

Wadenkrämpfe

Muskelkrämpfe in den Beinen treten meist nachts auf und betreffen häufig die Waden. Oft sind die Krämpfe ein Zeichen für Magnesiummangel.

Wadenkrämpfe können sehr unangenehm sein, sind aber keine Gefahr

Was hilft?

- Ziehen Sie die Zehen mit den Händen fest nach oben. Das streckt die Muskulatur in der Wade.
- Essen Sie magnesiumhaltige Lebensmittel wie Trockenobst, Aprikosen, Nüsse und Hülsenfrüchte.

Rückenschmerzen

Probleme mit dem Rücken treten meist im letzten Drittel der Schwangerschaft auf. Dabei drückt das Kind auf das Kreuzbein der Mutter, das zusätzliche Gewicht belastet die Wirbelsäule und nicht selten ist der Ischiasnerv betroffen.

Was hilft?

- Mit regelmäßiger Schwangerschaftsgymnastik, Entspannungsübungen und Rückenschwimmen können Sie den Rückenschmerzen vorbeugen.
- Akupunkturverfahren können gegen die Schmerzen helfen. (Kostenübernahme vorher mit der Krankenkasse abklären!)

tipp

Denken Sie eventuell an Kleingeld für die Toilette, wenn Sie unterwegs sind.

Häufiges Wasserlassen

Die verstärkte Wassereinlagerung im Gewebe und der wachsende Druck der Gebärmutter auf die Blase führen bei jeder Frau zu häufigerem Harndrang. Leider ist gegen diese Begleiterscheinung der Schwangerschaft kein Kraut gewachsen. Manchmal kann es durch den wachsenden Druck im Unterleib auch zu Stauungen des Urins kommen, was die Entstehung von Harnwegsinfekten begünstigen kann. Sollten Sie beim Wasserlassen Brennen verspüren, informieren Sie Ihren Arzt, Ihre Ärztin oder Ihre Hebamme. Viel trinken hilft auch hier, Harnwegsinfekten vorzubeugen.

Schlafstörungen

Insbesondere gegen Ende der Schwangerschaft stört der wachsende Bauch auch manchmal beim Schlafen. Viele Kinder sind gerade in der Nacht aktiv und wecken ihre Mütter durch Tritte und Purzelbäume. Wenn die Schwangere dann nachts wach liegt, kommt sie nicht selten ans Grübeln und wird vielleicht von Sorgen und Ängsten geplagt.

Was hilft?

- Gehen Sie abends ein wenig spazieren. Dies kann entspannen und beruhigen.
- Ein warmes Bad hat ähnliche Wirkung.
- Essen Sie abends nur leichte Mahlzeiten, damit der Verdauungstrakt nicht unnötig belastet wird und machen Sie es sich im Bett mit vielen Kissen so bequem wie möglich.

Schwangerschaftsstreifen

Schwangerschaftsstreifen entstehen bei Bindegewebsschwäche

Ob sich Schwangerschaftsstreifen bilden, ist vermutlich vor allem eine Sache der Veranlagung. Damit sich die Streifen nicht so stark ausprägen, wird Eincremen und Ölen empfohlen. Schaden kann dies nicht, aber verhindert werden die Schwangerschaftsstreifen dadurch nicht. Und wenn sie sich erst mal gebildet haben, lassen sie sich auch nicht mehr beseitigen; im Laufe der Zeit verblassen sie jedoch etwas.

Risiken während der Schwangerschaft

tipp

Wenn Sie während der Schwangerschaft gesundheitliche Probleme haben und häusliche Pflege oder auch eine Haushaltshilfe benötigen, weil dies niemand aus Ihrem Haushalt übernehmen kann, sollten Sie sich eine ärztliche Bescheinigung ausstellen lassen und dies vorab bei Ihrer Krankenkasse beantragen (››› Seite 101).

Neben den ganz natürlichen, mehr oder weniger quälenden „Zipperlein" gibt es Beschwerden, die sehr ernst genommen werden müssen. Bei den Vorsorgeuntersuchungen wird der Schwangerschaftsverlauf regelmäßig überprüft, sodass die Risiken möglichst gering gehalten werden. Einige Probleme, die bei einer Schwangerschaft auftreten können, stellen wir im Folgenden vor. Auf alle denkbaren Risiken können wir nicht eingehen, zumal viele extrem selten vorkommen. Beobachten Sie in jedem Fall Ihren Körper genau und scheuen Sie sich nicht, alle Veränderungen, die Ihnen seltsam erscheinen, mit Ihrem Frauenarzt, Ihrer Ärztin oder Ihrer Hebamme zu besprechen.

Prä-Eklampsie (EPH-Gestose)

Im allgemeinen Sprachgebrauch ist die Prä-Eklampsie auch als „Schwangerschaftsvergiftung" bekannt. Dabei kommen drei problematische Faktoren zusammen: Ödeme (Wassereinlagerungen), Proteine im Urin und Hypertonie (Bluthochdruck). Diese drei Faktoren verstärken sich gegenseitig und stellen eine Gefahr für Mutter und Kind dar. Die Versorgung des Ungeborenen kann leiden und während der Geburt kann es zu Problemen kommen. Als Gründe für eine Prä-Eklampsie gelten in erster Linie Mangelernährung, aber auch psychische Gründe, Überlastung oder Stress.

- Gehen Sie regelmäßig zur Vorsorgeuntersuchung. Da die Werte, die auf die Prä-Eklampsie hinweisen, routinemäßig abgeklärt (››› Seite 20) und Veränderungen so frühzeitig festgestellt werden können, müssen Sie eigentlich keine Gefahr befürchten.

Infektionen

Infektionen – also die Übertragung von Bakterien, Viren oder Pilzen – können während der Schwangerschaft schwerwiegende Folgen für die Entwicklung des Kindes haben. Neben den unten ausführlicher behandelten Fällen gibt es noch zahlreiche andere mögliche Erkrankungen: von den Masern über Borreliose (nach einem Zeckenbiss) bis hin zu Malaria und AIDS. In allen Fällen ist eine enge Begleitung der Schwangerschaft durch Ärztinnen und Ärzte erforderlich und vielfach sind wirkungsvolle Gegenmaßnahmen möglich.

Pilzbefall und bakterielle Entzündungen der Scheide

Diese Infektionen können häufig an ihren unangenehmen Symptomen wie Juckreiz und starkem Ausfluss bemerkt werden. Sie lassen sich, rechtzeitig erkannt, gut behandeln. Bleiben sie unbehandelt, können die Erreger zur Fruchtblase aufsteigen und dort entzündliche Prozesse in der Eihaut auslösen, die zu einem frühzeitigen Blasensprung führen können.

Röteln und andere Kinderkrankheiten

Rötelviren sind vor allem in den ersten drei Schwangerschaftsmonaten riskant

Zu Beginn jeder Schwangerschaft wird mittels einer Blutuntersuchung festgestellt, ob Sie eine Infektion mit Röteln fürchten müssen (››› Seite 16 ff.). Auch vor den übrigen Kinderkrankheiten wie Masern, Windpocken, Kinderlähmung und Mumps sollten Sie sich schützen, falls Sie diese noch nicht gehabt haben oder dagegen nicht geimpft sind. Sollte es dennoch zu einem ungeschützten Kontakt mit erkrankten Menschen kommen, spritzt Ihnen Ihr Arzt Immunglobuline, die den Ausbruch der Krankheit verhindern können.

- Meiden Sie den Kontakt mit Menschen, die an Röteln oder anderen Kinderkrankheiten leiden.

Toxoplasmose

Diese Infektionskrankheit ist für Nichtschwangere völlig harmlos. Die Erreger befinden sich vor allem im rohen Fleisch von Schweinen und Schafen und im Kot erkrankter Katzen. Die Erkrankung ähnelt in ihren Symptomen einer Grippe und wird deshalb oft nicht erkannt. Kommt es während der Schwangerschaft zu einer Erstinfektion mit

Achtung: Test auf Toxoplasmose ist keine Routineuntersuchung mehr!

Toxoplasmose, kann dies schwere körperliche und geistige Behinderungen beim Kind zur Folge haben. Die meisten Frauen (etwa 70 Prozent) haben die Krankheit schon einmal durchgemacht und sind somit immun. Dies wird jedoch nicht mehr routinemäßig kontrolliert; eine Untersuchung muss daher selbst bezahlt werden. Die Kosten betragen etwa 20 Euro.

Wenn Sie keine Toxoplasmose-Antikörper im Blut haben, sollten Sie die folgenden Vorsichtsmaßnahmen beachten:

- Verzichten Sie während der Schwangerschaft auf den Verzehr von rohem Fleisch (keine halbgaren Steaks, Mett, Tartar, Carpaccio und auch keine Hamburger!) und waschen Sie sich nach der Zubereitung einer Fleischmahlzeit gut die Hände.
- Achten Sie beim Umgang mit Katzen auf gute Hygiene und waschen Sie sich nach jedem Kontakt die Hände. Falls Sie selbst eine Katze im Haus haben, tragen Sie beim Reinigen der Katzentoilette Gummihandschuhe. Oder besser noch: Übertragen Sie diese Pflicht möglichst einem anderen Familienmitglied. Bei Katzen, die das Haus verlassen dürfen, besteht die Gefahr, dass sie sich draußen jederzeit infizieren können.
- Tragen Sie bei der Gartenarbeit Gummihandschuhe, damit es nicht zu einer Schmierinfektion durch verunreinigte Erde kommen kann.

Listeriose

Die Erreger der Listeriose können sich in Rohmilch und Rohmilchprodukten (zum Beispiel Käse) befinden und auch über natürlich gedüngtes Obst und Gemüse übertragen werden. Die Infektion kann zu Schädigungen der Frucht, zu Fehl- oder Frühgeburten führen.

- Trinken Sie nur abgekochte oder pasteurisierte Milch, essen Sie keinen Rohmilchkäse oder andere Rohmilchprodukte und waschen Sie Obst und Gemüse gründlich vor dem Verzehr.

Medikamente

Fast alle Medikamente erreichen über die Plazenta auch das Kind. Wenn Sie vor der Schwangerschaft regelmäßig Medikamente eingenommen haben, muss der Arzt oder die Ärztin darüber informiert werden und über die Einnahme während der Schwangerschaft neu entscheiden (zum Beispiel bei Medikamenten gegen Epilepsie, Schilddrüsenfehlfunktionen). Dabei spielt es keine Rolle, ob das Medikament verschreibungspflichtig oder frei verkäuflich ist. Manchmal kommt es vor, dass Infektionen während der Schwangerschaft mit Antibiotika behandelt werden müssen. Dabei gilt der Wirkstoff Penicillin als weitestgehend unbedenklich. In unklaren Fällen können Sie sich auch bei dem Pharmakologischen Institut der nächsten Uniklinik informieren.

Auch frei verkäufliche Medikamente sollten nur nach Rücksprache mit dem Arzt genommen werden

- Nehmen Sie während der Schwangerschaft nur Medikamente ein, die unvermeidlich sind, und klären Sie dies grundsätzlich mit Ihrem Arzt oder Ihrer Ärztin.

Plazenta Praevia

Wenn die Plazenta auf Dauer ihren Platz kurz vor dem Muttermund einnimmt, kann das bei einer normalen Geburt lebensgefährlich für Mutter und Kind werden. Mittels Ultraschall lässt sich die genaue Lage der Plazenta feststellen. Um Gefahren für Mutter und Kind zu vermeiden, wird bei einer Plazenta Praevia ein Kaiserschnitt angeraten.

Vorzeitige Plazentaablösung

Wenn sich die Plazenta vorzeitig von der Gebärmutter ablöst, ist die Versorgung des Kindes gefährdet. Gründe können Bluthochdruck oder ein schwerer Schlag auf den Bauch der Schwangeren sein (zum Beispiel bei einem Autounfall). Das Kind muss in diesem Fall möglichst schnell durch einen Kaiserschnitt zur Welt gebracht werden.

Blutungen

Blutungen sollten Sie nie auf die leichte Schulter nehmen, nicht immer besteht aber Gefahr

Blutungen in der Schwangerschaft müssen immer sehr ernst genommen werden und sollten schnellstmöglich von medizinischer Seite geklärt werden. Das bedeutet aber nicht unbedingt, dass die Schwangerschaft in Gefahr ist. Die Gründe können je nach Fortschreiten der Schwangerschaft sehr unterschiedlich sein: Manche Frauen haben auch nach dem Eintreten der Schwangerschaft noch alle vier Wochen harmlose Schmierblutungen.

Blutungen können aber auch auf eine mögliche Eileiterschwangerschaft oder Fehlgeburt in den ersten Monaten hinweisen.

- Informieren Sie auch bei leichten Blutungen unverzüglich Ihren Arzt oder Ihre Ärztin.

Schwangerschaftsdiabetes

Frauen mit gut eingestelltem Diabetes können auch eine Schwangerschaft ohne Probleme überstehen. Dagegen stellt ein unerkannter Diabetes für die Gesundheit von Mutter und Kind ein erhebliches Gesundheitsrisiko dar. Bei manchen Frauen wird Diabetes erstmals in der Schwangerschaft festgestellt, weil bei den Vorsorgeuntersuchungen entsprechende Tests gemacht werden. Aber nicht jeder erhöhte Blutzuckerwert ist auch ein Anzeichen eines Diabetes: So stellt sich der Körper während der Schwangerschaft in der Verwertung der Nahrung um und so kann es ebenfalls zu einer Erhöhung des Blutzuckerspiegels kommen. In den meisten Fällen lassen sich diese Werte senken, indem zucherhaltige Nahrungsmittel reduziert werden und die körperliche Bewegung gesteigert wird.

Falsche Kindslage (Lageanomalie)

94 Prozent aller Babys kommen mit dem Kopf zuerst zur Welt. Sie haben dabei das Kinn auf der Brust und schauen quasi nach hinten, zum Kreuzbein der Mutter. Diese Geburtslage wird Schädellage genannt (oder vordere Hinterhauptslage) und ist die ideale Voraussetzung für eine natürliche Geburt. Meist nehmen die Babys spätestens vier Wochen vor dem errechneten Geburtstermin diese Position ein; es kann aber auch vorkommen, dass ein Kind erst später den Purzelbaum wagt, um in die ideale Geburtslage zu kommen.

Die beste Geburtslage ist die Schädellage

In anderen Fällen spricht man von einer Lageanomalie: Meist handelt es sich dann um eine Steiß- oder Beckenendlage (fünf Prozent aller Fälle). Dabei liegt das Kind mit dem Po nach unten. In der reinen Steißlage hat es die Füße gerade nach oben gestreckt, in der Steiß-Fuß-Lage befindet es sich in einer Art Sitzhaltung mit angewinkelten Knien und überkreuzten Füßen.

Eine Entbindung auf normalem Wege ist zwar möglich, dauert aber meist länger und ist schwieriger. Darüber hinaus kann es bei Beckenendlagen eher zu Problemen bei der Sauerstoffversorgung des Kindes während der Geburt kommen. Um jedes Risiko zu vermeiden, raten manche Geburtshelfer insbesondere bei Erstgebärenden vorsorglich zu einem Kaiserschnitt. In anderen Kliniken wird auch bei einer Beckenendlage normal entbunden, wenn das Kind nicht zu groß ist. Hat eine Frau schon ein normal gewichtiges Kind auf natürlichem Weg zur Welt gebracht, kann sie in der Regel ein weiteres Kind auch in Beckenendlage so bekommen. Die Geburtswege sind dann erfahrungsgemäß weit genug und vorgedehnt.

In manchen Fällen ist ein Kaiserschnitt notwendig

Manche Hebammen wenden bei Beckenendlagen auch alternative Methoden an, um das Kind noch zur Drehung zu „bewegen“. Dies können unter anderem Akupressur, gymnastische Übungen wie die „Indische Brücke“ oder die Stimulation bestimmter Körperpunkte mit einer „Moxazigarre“ sein. Vor der Anwendung solcher, nur erfahrungsheilkundlich begründeter Methoden sollte die Hebamme gründlich über Chancen und Risiken aufklären und in jedem Fall der Frau die Entscheidung überlassen.

Zwillinge/Mehrfachgeburten

Ultraschallbilder verraten heute schon sehr früh, ob Zwillinge oder sogar Mehrlinge erwartet werden. Auf 100 Geburten kommt etwa eine Zwillingsgeburt. Durch künstliche Befruchtung steigt die Zahl der Frauen, die Drillinge oder noch mehr Kinder erwarten.

Zwillingsschwangerschaften werden grundsätzlich als Risikoschwangerschaft angesehen, da sie für den mütterlichen Organismus eine erhebliche Mehrbelastung bedeutet. Auch muss eher mit Komplikationen wie Blutungen, Fehl- oder Frühgeburten, vorzeitigen Wehen und Gestose (››› Seite 50) gerechnet werden. Zwillinge kommen meist einige Wochen vor dem errechneten Termin zur Welt und sind nicht selten untergewichtig. Ob eine normale Geburt möglich ist oder eine Kaiserschnittentbindung durchgeführt werden sollte, hängt von verschiedenen Umständen, wie Größe und Lage der Kinder, ab. Keinesfalls müssen Zwillinge immer per Kaiserschnitt entbunden werden.

Späte Mutterschaft

Immer mehr Frauen bekommen ihr erstes Kind mit über 35 Jahren und gelten somit offiziell als „Spätgebärende". Im Mutterpass wird das Alter der Mutter als Risikofaktor eingetragen, was viele Schwangere verunsichert.

Tatsächlich liegt – medizinisch gesehen – die beste Zeit zum Kinderkriegen zwischen dem 20. und 32. Lebensjahr. Die körperlichen Voraussetzungen sind dann meist noch ideal: Schwangerschaft und Geburt stellen eine weniger starke Belastung dar. Aber viele Frauen sind heute auch mit Mitte 30 oder 40 körperlich so gesund und fit, dass sie eine späte Schwangerschaft nicht fürchten müssen. Da die Empfängnisbereitschaft mit dem Alter nachlässt, müssen diese Frauen jedoch oft länger auf eine Schwangerschaft warten.

Späte Schwangerschaft birgt Risiken, …

Schwierigkeiten, die sich bei einer Schwangerschaft in höherem Alter ergeben können, sind die nachlassende Elastizität der Gebärmutter und Geburtswege oder eine nicht ausreichende Hormonproduktion. Mögliche Folgen können eine Fehlgeburt, Mangelernährung des Kindes, vorzeitige Wehen oder Wehenschwäche sein. Darüber hinaus steigt das Risiko, ein Kind mit einer Chromosomenstörung (zum Beispiel Down-Syndrom) zu bekommen im Alter von Mitte 30 an. Aus diesem Grund empfehlen Gynäkologen und Gynäkologinnen Schwangeren ab 35 Jahren beim Ungeborenen eine Chromosomenuntersuchung (››› Seite 23 ff.).

… hat aber auch Vorteile

Dennoch sollten Sie die Risiken einer späten Schwangerschaft nicht überbewerten. In der heutigen Zeit entscheiden sich immer mehr Frauen in diesem Alter für ein Kind. Sie haben vielleicht eine lange Ausbildung hinter sich oder wollten erst eine berufliche Karriere machen. Wenn dann die Entscheidung für das erste Kind mit 35 oder 40 Jahren fällt, dann handelt es sich meist um echte Wunschkinder. Späte Mütter bereiten sich im Allgemeinen gut auf Schwangerschaft und Geburt vor, sie gehen gewissenhaft zu den Vorsorgeuntersuchungen und leben oft gesünder. Nicht zuletzt fällt es ihnen meist nicht so schwer wie jüngeren Müttern, sich wegen des Kindes einzuschränken.

Vorbereitung auf die Geburt

2

Vorfreude ist ja bekanntlich die schönste Freude, wenn da nicht ein Wermutstropfen wäre: die Angst vor der Geburt, dem Unbekannten und nicht zuletzt vor den zu erwartenden Schmerzen. Für die meisten werdenden Mütter (und Väter) ist es heute eine Selbstverständlichkeit, sich schon während der Schwangerschaft ausgiebig mit ihrem Kind und der Geburt zu befassen. Ob Hausgeburt oder Entbindung in der Klinik (und wenn ja: in welcher) will rechtzeitig überlegt sein bis hin zu der Frage, was für die Geburt mitzubringen ist oder welchen Namen das Kind bekommen soll.

Kurse zur Geburtsvorbereitung

Frauen wissen, dass sie selbst durch gezielte Vorbereitung dazu beitragen können, die Geburt zu einem schönen, einzigartigen Erlebnis zu machen.

Beim ersten Kind ist der Informationsbedarf naturgemäß besonders groß. Das Angebot an Geburtsvorbereitungskursen und Methoden ist vielfältig. Anbieter sind zum Beispiel Krankenhäuser, Hebammenpraxen oder Wohlfahrtsverbände. Prüfen Sie, ob Ihre Hebamme oder die Klinik, bei der Sie entbinden wollen, einen Kurs anbietet: So werden Sie schon im Vorfeld besser mit dem Umfeld vertraut.

Erkundigen Sie sich nach den Inhalten, bevor Sie sich für einen Kurs entscheiden

Bei den Kursen geht es immer um das Ziel, der Mutter zu einer möglichst natürlichen und schmerzarmen Geburt zu verhelfen. Noch vor einigen Jahren musste man sich für eine einzelne Methode oder Lehrmeinung entscheiden, zum Beispiel nach Lamaze oder Read (››› Seite 63). Heute basieren die meisten Kurse auf einer Zusammenstellung der sinnvollsten Elemente der unterschiedlichen Richtungen. Im Idealfall fließen aktuelle Methoden und Erkenntnisse mit ein und das Programm wird auf die individuellen Bedürfnisse der Teilnehmerinnen abgestimmt.

Bevor Sie sich für einen Geburtsvorbereitungskurs entscheiden, sollten Sie sich überlegen,

- ob Sie gemeinsam mit Ihrem Partner den Kurs besuchen möchten,
- ob Sie einen komprimierten Wochenendkurs wünschen oder
- ob Sie sich über mehrere Monate hinweg (meist sind es zehn bis zwölf Doppelstunden) einmal wöchentlich die Zeit nehmen.

tipp

Melden Sie sich rechtzeitig an (10. bis 20. Schwangerschaftswoche)! Das Ende des Kurses sollte sicherhaltshalber vier Wochen vor dem errechneten Geburtstermin liegen.

Die Krankenkassen zahlen üblicherweise 14 Stunden. Die Kosten für den Partner werden in der Regel nicht übernommen. Erkundigen Sie sich vor Kursbeginn.

Was wird in den Kursen gemacht?

Informationen über die körperlichen Vorgänge und Auswirkungen auf die Psyche

Wenn die werdende Mutter weiß, was auf sie zukommt, kann sie der Geburt ohne Angst entgegensehen. Dies spielt für den Geburtsverlauf eine entscheidende Rolle, denn Angst führt zu Verspannungen der Muskulatur, verkrampfter Atmung und erhöhter Schmerzempfindlichkeit.

Die richtige Vorbereitung hilft zu einer „sanften" Geburt

Entspannungsübungen

Sie sollen der Schwangeren helfen, während der Geburt innerlich ruhig zu bleiben, sich auf sich selbst und das Kind zu konzentrieren. Wenn Sie entsprechende Techniken beherrschen, sind Sie weniger schmerzempfindlich und können mit Ihren Kräften besser haushalten, da Sie vor allem in den Wehenpausen neue Kraft tanken können. Zudem können Ihnen die Übungen schon während der Schwangerschaft nutzen, um Stress abzubauen oder bei Schlafstörungen.

Mit Atemtechnik Schmerzen lindern

Atemübungen

Es gibt unterschiedliche Methoden, die manchmal sehr kompliziert sind und häufig während der Geburt doch nicht angewandt werden. Wenn Sie sich für eine aufwändigere Atemtechnik (zum Beispiel nach Lamaze) entscheiden, bei der für jede Phase der Geburt unterschiedliches Atmen empfohlen wird, sollten Sie sehr gewissenhaft üben, damit Ihnen die Technik in Fleisch und Blut übergeht. Viele Kurse lehren daher nur bewusstes Atmen und ermutigen die Frauen, ihren eigenen Rhythmus zu finden. Das hilft beim Entspannen, Mutter und Kind werden ausreichend mit Sauerstoff versorgt.

Gymnastik

Eine Geburt ist eine körperliche Höchstleistung. Deshalb ist es sinnvoll, den Körper auch während der Schwangerschaft durch Gymnastik fit zu halten. Ein wichtiger Aspekt ist hierbei die Beckenbodengymnastik, die sowohl die Muskulatur kräftigt und zeigt, wie Verspannungen gelöst werden können, damit das Kind leichter herausgleiten kann.

Die Beckenbodenmuskulatur stärken

Austausch in der Gruppe

Nicht zuletzt bietet die Gemeinschaft mit den anderen Schwangeren (Paaren) ein ideales Forum, Fragen loszuwerden, Erfahrungen auszutauschen und Ängste offen zu artikulieren. Alle befinden sich in einer ähnlichen Situation. So können Themen wie Wochenbett oder Stillen in den Kursen angesprochen werden.

Babypflege

Gegen Ende des Kurses werden häufig noch einige Tipps zur Säuglingspflege vermittelt. Außerdem kann es sinnvoll sein, sich einen Überblick über die zahlreichen Wickelmethoden zu verschaffen und einmal „Probezuwickeln".

Spezielle Methoden

Manche Kurse werden von der Krankenkasse nicht bezahlt

Zur Geburtsvorbereitung und bei Schwangerschaftsbeschwerden bieten viele Hebammen und vereinzelt auch Ärztinnen und Ärzte ein breites Spektrum „alternativer" Methoden und Techniken an. Spezielle Gymnastik und Körperübungen wie Zilgrei, Feldenkrais und Yoga sollen Beschwerden lindern, zu einem besseren Körpergefühl führen und dadurch die Geburt erleichtern. Als Therapeutika werden Bachblüten und homöopathische Arzneimittel verwendet, aber auch Akupunktur und Akupressur. Der Kontaktaufnahme mit dem Kind sollen verschiedene Methoden und Verfahren wie zum Beispiel die Haptonomie und die Cranio-Sacral-Therapie dienen – Verfahren, bei denen

mit Berührungen an der Beziehung zwischen den Eltern und dem ungeborenen Kind schon in der Schwangerschaft gearbeitet werden soll. Die meisten dieser Verfahren sind schulmedizinisch nicht abgesichert, sondern beruhen auf Erfahrungen und müssen daher oft selbst bezahlt werden. Erkundigen Sie sich bei Ihrer Kasse, ob sie die Kosten für das von Ihnen gewünschte Verfahren übernimmt.

Geburtsmethoden

Den Bemühungen um eine möglichst selbstbestimmte, schmerzlose Geburt haben sich in den letzten Jahrzehnten einige Ärzte und Wissenschaftler verschrieben, auf deren Arbeit die meisten modernen Geburtsvorbereitungskurse aufbauen. Im Folgenden möchten wir Ihnen kurz die wichtigsten Vorkämpfer der heutigen Denkrichtung vorstellen.

- Grantly Dick Read brachte erstmalig das Phänomen der Angst mit den Schmerzen bei der Geburt in Verbindung. Er stellte die Psyche der Frauen in den Vordergrund. Grundpfeiler seiner Methode sind Atem- und Entspannungstechniken sowie Aufklärung.

- Fernand Lamaze erkannte, dass die psychische Einstellung zum Schmerz bei der Geburt von größter Wichtigkeit ist. Er entwickelte zum Teil sehr komplizierte Atemtechniken, mit denen die Frau je nach Wehenart den Schmerzen bewusst begegnen kann. Der Partner spielt dabei eine große Rolle. Er sollte an der Vorbereitung teilnehmen, damit er die Frau während der Geburt an die richtige Atemtechnik erinnern kann.

- Frédérick Leboyer prägte den Begriff „sanfte Geburt" und setzte sich vor allem für den schonenden Übergang des Kindes vom schützenden Bauch der Mutter in die kalte Welt draußen ein. Ihm ist es zu verdanken, wenn in immer mehr Kreißsälen mit Wärme, gedämpftem Licht und Ruhe eine angenehmere Atmosphäre herrscht.

Wie soll es denn heißen?

Die Namenswahl – immer wieder Anlass für Diskussionen

Diese Frage werden Sie als künftige Eltern während der Schwangerschaft immer wieder hören, je größer der Bauch, desto öfter! Wissen Sie es schon, oder haben Sie noch die Qual der Wahl? Die Wahl des Namens ist eine wichtige Entscheidung, die Sie in aller Ruhe treffen sollten. Einerseits ist es eine Geschmackssache, andererseits geben Sie dem Kind mit dem Vornamen ein Stück Identität mit auf den Lebensweg. Der Vorname des Kindes kann aus vielen tausend Möglichkeiten ausgesucht werden; Familientradition, Bedeutung oder Mode spielen bei der Entscheidung eine wichtige Rolle. Die Gesellschaft für Deutsche Sprache in Wiesbaden stellt regelmäßig Listen der beliebtesten Vornamen zusammen (www.gfds.de).

Vielleicht möchten Sie Ihrem Kind aber gerade keinen Modenamen geben, da Ihnen die Vorstellung, dass es diesen Namen tausendfach gibt, gar nicht gefällt. Viele Eltern suchen deshalb einen besonders seltenen oder ausgefallenen Namen für ihr Kind. Damit tun sie ihrem Sprößling aber oft keinen Gefallen, denn wenn niemand weiß, wie der Name richtig gesprochen oder geschrieben wird, fühlt sich das Kind mit diesem Namen meist nicht wohl. Es wird es schon bald leid sein, immer wieder den eigenen Namen erläutern zu müssen.

Falls Sie sich nicht entscheiden oder einigen können und das Kind bei der Geburt noch keinen Namen hat, bleibt Ihnen nach der Geburt eine Frist von einem Monat, um den Namen eintragen zu lassen.

Im Buchhandel finden Sie zahlreiche Bücher, die Vornamen auflisten und auch ihre Bedeutung und Herkunft erläutern. Im Internet gibt es auch einige mehr oder weniger umfangreiche Listen, auf die Sie stoßen, wenn Sie in einer Suchmaschine den Begriff „Vornamen“ eingeben.

Das Recht der Vornamen

Bei der Wahl des Vornamens kann es zu Problemen kommen, denn manche Vorschläge kreativer Eltern werden vom Standesbeamten abgelehnt. Allerdings sind die Vorschriften schwammig und bieten viel Anlass zur Diskussion bis hin zu gerichtlichen Auseinandersetzungen, deren Ergebnisse auch kein System erkennen lassen.

Das Geschlecht eines Kindes soll eindeutig ersichtlich sein. So haben Gerichte zum Beispiel den (Jungen-)Namen Kai abgelehnt, den Namen Oleander für einen Jungen aber bejaht. Der Name muss als Vorname erkennbar sein: Deshalb wurden Namensvorschläge wie November und Rosenherz abgelehnt, Sonne und Jazz jedoch zugelassen. Wenig einig waren sich die Gerichte auch bei Namensvorschlägen nach Indianerstämmen. Cheyenne konnte sich durchsetzen, andere scheiterten mit Navajo. Schließlich sollen belastende Namen vermieden werden. Aber ob Prestige und Speedy (zugelassen) weniger belastend sind als Rosenherz oder Pfefferminze (abgelehnt), mag jeder selbst bewerten. Ein Zweitname mag zwar die formale Situation entschärfen, für das Kind wird es jedoch dadurch nicht unbedingt einfacher: Pumuckl wurde einmal als alleiniger Name abgelehnt, in einem anderen Fall mit dem Zusatz Philipp aber erlaubt. Übrigens müssen ausländische Namen zugelassen werden, wenn man nachweisen kann, dass es diesen Namen in einem Land gibt und er dort für das entsprechende Geschlecht benutzt wird.

Der Nachname des Kindes

Für den Familiennamen gibt es nur wenig Auswahl, was aber die Entscheidung nicht unbedingt leichter macht. Nur beim ersten gemeinsamen Kind haben die Eltern, egal ob verheiratet, gemeinsam sorgeberechtigt oder allein erziehend, einige Wahlmöglichkeiten. Eventuell folgende gemeinsame Kinder tragen den Namen des Erstgeborenen.

*Die Vornamen-Hitliste des Jahres 2003

Marie
Sophie
Maria
Anna/Anne
Lea(h)
Laura
Lena
Leonie
Julia
Sara(h)*
Maximilian
Alexander
Leon
Paul
Lukas/Lucas
Felix
Luca
David
Tim
Jonas*

Ein Doppelname aus den Nachnamen der Eltern ist grundsätzlich nicht möglich

Sind beide Eltern miteinander verheiratet und haben sich bei der Heirat für einen Familiennamen entschieden – auch wenn jeder Partner seinen eigenen Namen behalten hat oder einen Doppelnamen trägt – so erhält das Kind den Familiennamen. Haben die Eheleute keinen Familiennamen festgelegt, entscheiden sie jetzt über den Namen des Kindes, wobei Doppelnamen nicht zulässig sind. Können sie sich innerhalb eines Monats nach der Geburt nicht einigen, entscheidet das Familiengericht, welcher der Partner zum Zuge kommt. In der Geburtsbescheinigung im Krankenhaus oder bei der Hebamme kann der Nachname bis zu einer Entscheidung offen bleiben. Das gleiche Verfahren betrifft Eltern, die nicht verheiratet sind, aber das gemeinsame Sorgerecht beantragt haben.

Bei Alleinsorgeberechtigten hat das Kind automatisch den Familiennamen dieses Elternteils. Wollen beide Eltern den Namen des nicht sorgeberechtigten Elternteils zum Namen des Kindes wählen, müssen sie dies durch eine gemeinsame Erklärung gegenüber dem Standesbeamten kundtun. Heiraten die Eltern oder wird das gemeinsame Sorgerecht später beantragt, können sie ab diesem Zeitpunkt innerhalb von drei Monaten den Geburtsnamen des Kindes ändern lassen.

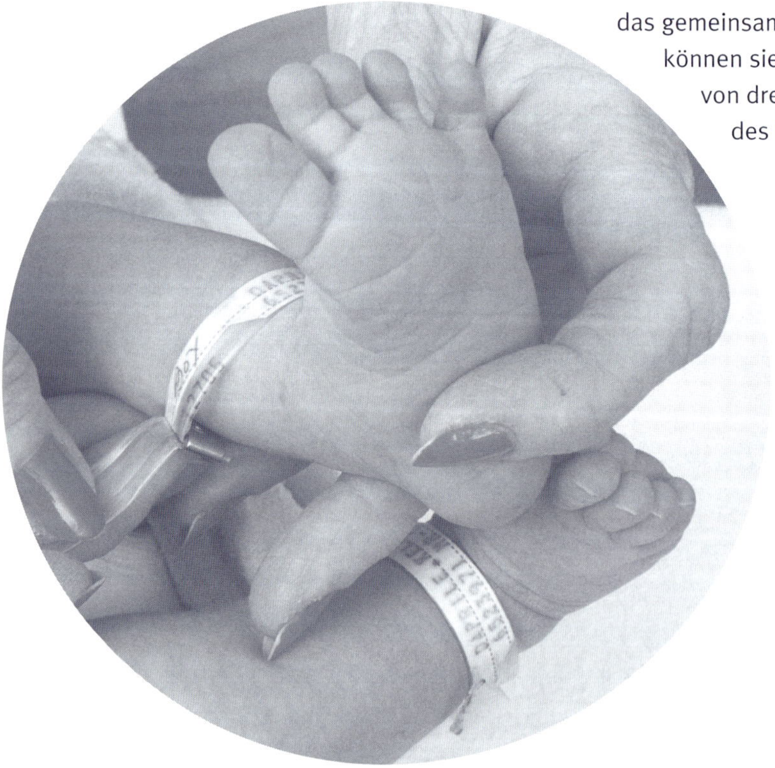

Wo soll Ihr Kind zur Welt kommen?

Noch vor rund hundert Jahren war es üblich, zu Hause im Kreise helfender Nachbarinnen und im Beisein einer Hebamme zu gebären. Alles andere galt als verpönt, denn nur allein stehende oder mittellose Frauen gingen zum Gebären in ein Hospital.

Ambulant, stationär oder zu Hause?

Doch mit der schnell voranschreitenden Entwicklung der medizinischen Geburtshilfe kam der Trend zur Krankenhausentbindung. Wurden in den 50er-Jahren noch mehr als die Hälfte aller deutschen Babys zu Hause geboren, erblickten in den späten 60er-Jahren 80 Prozent aller Kinder in Krankenhäusern das Licht der Welt. Mit dem medizinischen Fortschritt verstärkte sich die zunehmende Institutionalisierung der Geburtshilfe. In den Kreißsälen konnten Mutter und Kind nun mit Hilfe von modernster Technik kontinuierlich überwacht werden. Um möglichst viel medizinische Sicherheit zu gewährleisten wurde hingenommen, dass die Mütter zu „Patientinnen", umgeben von Monitoren und blinkenden Maschinen, und die Hebammen vielerorts zu medizinischen „Hilfskräften" geworden waren. Angesichts dieser Entwicklung wurde Kritik an der unpersönlichen, modernen Geburtshilfe laut.

Gegen Ende der 60er-Jahre propagierte der französische Geburtshelfer Frédérick Leboyer die „natürliche Geburt" und plädierte für einen „sanften" Empfang der Neugeborenen. Daraufhin wurden in Frankreich die ersten Geburtshäuser gegründet. Aber auch in den Kliniken konnte die neue Sichtweise langsam Fuß fassen.

Die Hausgeburt

Nur ein bis zwei Prozent aller Kinder werden in Deutschland zu Hause geboren, Tendenz steigend. Wenn Ihnen die vertraute Umgebung wichtig ist und keine Komplikationen zu erwarten sind, kann

tipp

Suchen Sie rechtzeitig eine Hebamme, die Erfahrungen mit Hausgeburten hat, und besprechen Sie mit ihr, wie Sie alles am besten für die Geburt vorbereiten.

dies die passende Lösung für Sie sein. Gründe gegen eine Hausgeburt können beispielsweise eine erwartete Steiß- oder Frühgeburt, eine Mehrlingsschwangerschaft, Placenta Praevia (››› Seite 50 ff.) oder gesundheitliche Probleme der Schwangeren sein. Lassen Sie sich hierzu gründlich von Ihrer Ärztin, Ihrem Arzt oder Ihre Hebamme beraten.

Bei der Geburt ist die Hebamme bei Ihnen und auch nach der Entbindung haben Sie noch zehn – unter Umständen sogar mehr – Tage Anspruch auf ihre Betreuung. Gegebenenfalls können Sie zusätzlich häusliche Pflege und Unterstützung durch eine Haushaltshilfe verordnet bekommen (››› Seite 101).

check

Was ist bei der Hausgeburt wichtig?

Hausgeburt

- ✓ Wurden/werden alle Vorsorgeuntersuchungen wahrgenommen? Gibt es Hinweise für Komplikationen oder Risiken bei der Geburt?
- ✓ Werden Sie von einer erfahrenen Hebamme betreut (››› auch Seite 101)?
- ✓ Sind Regelungen für den Notfall bei Mutter und Kind getroffen?
- ✓ Gibt es für die Geburt ein geeignetes Zimmer? Ist die notwendige Ruhe und Entspannung zu Hause garantiert? Ist alles für die Geburt Notwendige vorbereitet?
- ✓ Ist Ihre Betreuung nach der Geburt gesichert?
- ✓ Haben Sie in den ersten Tagen nach der Geburt die notwendige Ruhe und Unterstützung bei der Erledigung der alltäglichen Dinge?

Geburt im Krankenhaus

Die Bedingungen für eine Krankenhausgeburt sind inzwischen für Mutter und Kind weitaus variabler geworden. Die ungemütlichen, weiß gekachelten und anonymen Kreißsäle vergangener Jahrzehnte haben sich glücklicherweise gewandelt. Tatsächlich haben medizinische Untersuchungen wiederholt bestätigt, dass Bewegungsfreiheit, aufrechte Haltung und Entspannung den Geburtsverlauf ausgesprochen positiv beeinflussen.

Außerdem sind schwangere Frauen aufgrund allgemein sinkender Geburtenzahlen zu umworbenen Kundinnen geworden. Im Rahmen der Geburtsvorbereitung informieren sich werdende Eltern zunehmend intensiv über die in Frage kommenden Entbindungskliniken. Längst entscheiden sie sich nicht mehr nur für das Krankenhaus, das am nächsten gelegen ist. Ob nun aus Gründen der Konkurrenz oder aus Überzeugung: die Krankenhäuser stellen sich zunehmend auf die Wünsche der Mütter nach einer individuellen, selbstbestimmten Geburt ein. Das bedeutet, dass Sie sich frei bewegen und die Positionen wechseln können, wie Sie möchten. Bei der Ausstattung der Kreißsäle wird zunehmend Wert auf warme Farbtöne und unterschiedliche Gebärmöbel gelegt. Die Apparatemedizin ist zwar vorhanden, tritt aber optisch in den Hintergrund, sodass das freudige Ereignis in freundlicher und möglichst entspannter Atmosphäre stattfinden kann.

Prüfen Sie die Angebote verschiedener Kliniken

Die Kombination aus bestmöglicher medizinischer Betreuung und möglichst freundlicher Atmosphäre im Kreißsaal liegt bei deutschen Eltern im Trend. Im Gegensatz zu europäischen Nachbarländern wie Holland kommen in Deutschland fast alle Babys in einer Klinik zur Welt. Dabei bleibt es den Müttern überlassen, ob sie im Anschluss an die Geburt noch einige Tage im Krankenhaus bleiben möchten oder ob sie ambulant (››› Seite 100) entbinden, also wenige Stunden nach der Geburt nach Hause gehen möchten.

Über ein Drittel Hausgeburten in Holland

Neben Rooming-in bieten einige Kliniken mittlerweile so genannte Familienzimmer an, in denen der Vater und die Geschwister des Neugeborenen über Nacht bleiben können.

Geburtshäuser

Auch in Deutschland gibt es inzwischen eine wachsende Zahl von Geburtshäusern. Hier soll die Geburt in intimer und familienfreundlicher Atmosphäre stattfinden, ähnlich wie zu Hause, nur sicherer. Waren es 1993 noch 16 Geburtshäuser, so werden zurzeit bereits circa 100 Einrichtungen ermittelt. (Unter www.geburtshaus.de finden Sie eine Liste von 55 Häusern im Internet.) Die Geburt wird in den meisten außerklinischen Geburtseinrichtungen von einer Hebamme geleitet. Angenommen werden nur Schwangere, bei denen vorab keine Komplikationen zu erwarten sind. Alle Geburtshäuser in Deutschland arbeiten mit nahe gelegenen Kliniken zusammen, damit Mutter oder Kind im Zweifelsfall schnell in ein Krankenhaus gebracht werden können.

Kontroverse Beurteilung durch Ärzte und Hebammen

Auch wenn laut Angaben der Weltgesundheitsbehörde 80 Prozent aller Geburten ohne Komplikationen verlaufen, gibt es Meinungsverschiedenheiten zwischen Ärzten und Hebammen zur Sicherheit von Geburten außerhalb einer Klinik. Geburtsmediziner vertreten häufig die Ansicht, dass es auch nach einer unkomplizierten Schwangerschaft bei jeder Geburt innerhalb von kürzester Zeit zu Notfallsituationen kommen kann, für die man Fachpersonal und die medizintechnische Ausstattung einer Klinik benötigt. Dagegen vertrauen die Hebammen auf ihr strenges Auswahlverfahren (keine Risikoschwangerschaften), ihre Erfahrung und ausreichende Vorsorgemaßnahmen für Notfälle und haben damit gute Erfahrungen gemacht.

Erkundigen Sie sich bei Ihrer Kasse, welche Kosten übernommen werden

Bei der Geburt in einem Geburtshaus fallen leider recht hohe Kosten an. Für Betriebskosten werden in den meisten Häusern rund 400 Euro berechnet; hinzu kommt ein Betrag von circa 200 Euro für die Rufbereitschaft der Hebammen. Die Kosten der eigentlichen Betreuung während der Geburt übernehmen die Kassen. Die anderen genannten Kosten müssen die Schwangeren selbst bezahlen. Es lohnt aber, sich bei der eigenen Kasse vorher zu erkundigen, ob ein Teil der Kosten übernommen wird, da einige gesetzliche Kassen dazu bereit sind. Bei privaten Versicherungen werden die Kosten häufiger übernommen: Klären Sie dies aber stets vor der Inanspruchnahme.

check

Wahl der Klinik oder des Geburtshauses

Überlegen Sie sich, welche Wünsche und Vorstellungen Sie haben und nutzen Sie die regelmäßigen Informationsveranstaltungen der Kliniken und Geburtshäuser in Ihrer Nähe. Klären Sie mit Ihrem Arzt oder Ihrer Ärztin, ob bei Ihnen irgendwelche persönlichen, vorhersehbaren Risiken vorliegen. Nehmen Sie an einer Kreißsaalbesichtigung teil und sehen Sie sich die Wöchnerinnenstation an. Befragen Sie auch Frauen in Ihrem Freundes- und Bekanntenkreis, Ärzte, Ärztinnen und Hebammen nach ihren Erfahrungen.

- ✔ Wie sieht das Notfall-Management aus?
  Wer führt nachts im Notfall einen Kaiserschnitt durch? Sind Oberärzte, Narkose- und Kinderärzte in Rufbereitschaft?
- ✔ Was wird in Notfallsituationen für das Kind getan?
  Gibt es in der Nähe ein Perinatalzentrum? Wo befindet sich die nächste Kinderklinik und wie lang sind die Transportzeiten dorthin?
- ✔ Wie häufig werden alternative Geburtsmöbel wie Gebärhocker, oder Gymnastikball tatsächlich benutzt?
  Können Sie während der Austreibungsphase die Geburtsposition selbst wählen?
- ✔ Wird die Möglichkeit einer Wassergeburt angeboten und auch unterstützt?
- ✔ Ist Essen und Trinken im Kreißsaal/Geburtsraum gestattet?
- ✔ Können Sie sich außerhalb des Kreißbettes frei bewegen?
- ✔ Sind längere Bäder möglich?
- ✔ Besteht die Möglichkeit, sich auch während der Überwachung mit dem CTG (Herzton-Wehenschreiber) frei zu bewegen?

Welche Leistungen sind Ihnen wichtig?

- Wie sieht die generelle Vorbereitung der werdenden Mutter nach der Aufnahme in den Kreißsaal/Geburtsraum aus?
- Ist es üblich, vorab einen Zugang für den Tropf zu legen, einen Einlauf zu machen oder die Scham zu rasieren?
- Werden Sie während der Geburt durchgängig von derselben Hebamme betreut? Können Sie Ihre „eigene" Hebamme mitbringen?
- Unter welchen Bedingungen wird eine Geburt eingeleitet? Wie oft kommt dies vor?
- Welche Medikamente werden üblicherweise verabreicht?
- Wie hoch ist die Dammschnittrate, wie häufig kommt es zu Damm- und Scheidenrissen?
  Werden bei einer hohen Rate besondere Gründe genannt?
- Liegt die Kaiserschnittrate deutlich über 20 Prozent? Aus welchen Gründen?
- Kann durchgängig Rooming-in praktiziert werden?
- Gibt es Familienzimmer?
- Falls Sie eine ambulante Geburt wünschen: Wird Ihr Anliegen unterstützt?
- Wird das Stillen besonders unterstützt (erkennbar zum Beispiel am Qualitätssiegel der WHO/UNICEF-Initiative „Stillfreundliches Krankenhaus")?
- Ist die Klinik/das Geburtshaus gut erreichbar?
- Wie reagiert das Personal auf Ihre Anliegen und Fragen?

Bedenken Sie, dass es sich bei den Informationsabenden auch um Werbeveranstaltungen handelt. Die Geburtshilfe ist für Kliniken ein attraktives Gebiet und es herrscht zumal in den Ballungszentren ein regelrechter Wettbewerb um die Schwangeren.

Rechtzeitig anmelden

Wenn Sie sich für eine Klinik entschieden haben, sollten Sie sich möglichst früh dort anmelden. Kliniken mit „gutem Ruf" sind oft auf Monate ausgebucht.

Falls Sie sich für eine außerklinische Institution entscheiden, ist eine feste Anmeldung zwingend erforderlich. Auch bei Risikoschwangerschaften ist dies wichtig. Vereinbaren Sie einen Untersuchungstermin einige Wochen vor dem errechneten Geburtstermin. Besprechen Sie die Einzelheiten mit Ihrem behandelnden Arzt, Ihrer Ärztin oder Hebamme und der Klinik Ihrer Wahl.

Grundsätzlich ist in den meisten Kliniken eine Anmeldung erwünscht, aber nicht zwingend notwendig. Erkundigen Sie sich am besten gleich bei der Kreißsaalbesichtigung nach dem üblichen Vorgehen. Viele Kliniken bieten im Zusammenhang mit der Anmeldung eine zusätzliche Untersuchung der Schwangeren an. Diese findet üblicherweise sechs bis vier Wochen vor dem voraussichtlichen Geburtstermin statt.

Mehrkosten durch Klinikwahl?

Lassen Sie sich rechtzeitig durch Ihre Krankenkasse über eventuell selbst zu tragende Mehrkosten beraten, wenn Sie zur Entbindung nicht eine der nächstgelegenen Einrichtungen wählen wollen.

Der Klinikkoffer

Rechtzeitig packen!

Manche Babys haben es etwas eiliger als andere: Deshalb ist es eine große Erleichterung, wenn man schon das Wichtigste für den Aufenthalt im Krankenhaus gepackt hat, bevor es losgeht. Was Sie während der Geburt und in den ersten Tagen danach benötigen finden Sie in den folgenden Listen.

tipp

Vielleicht möchten Sie einen Fotoapparat einpacken? Wenn Sie einen besonders lichtempfindlichen Film einlegen, können Sie mit Rücksicht auf die Augen des Neugeborenen auf den Blitz verzichten. In vielen Geburtshäusern und manchen Kliniken kann man auch seine eigene Musik mitnehmen.

Für die Geburt

Theoretisch müssen Sie für die Geburt selbst nichts mitbringen. Aber wahrscheinlich fühlen Sie sich in Ihren eigenen Sachen wohler als beispielsweise in einem Klinikkittel, der hinten offen getragen wird.

- Packen Sie ein bis zwei bequeme, pflegeleichte Hemden oder T-Shirts aus Baumwolle ein. Wehen können ganz schön schweißtreibend sein, deshalb sollten Sie etwas zum Wechseln dabei haben.
- Zum Herumlaufen im Kreißsaal, auf dem Flur oder im Garten brauchen Sie ein Paar bequeme Hausschuhe.
- Je nach Jahreszeit: ein Paar warme Socken, damit Sie in den Stunden der Geburt keine kalten Füße bekommt.
- Da sich eine Geburt nicht selten über viele Stunden hinzieht, kann selbst mitgebrachte Verpflegung sehr angenehm sein. Außerdem gibt es nachts oft keine Möglichkeit, etwas zu essen zu besorgen. Traubenzucker spendet Kraft und belastet den Magen nicht. Im Kreißsaal werden die Mütter meist mit Mineralwasser versorgt. Alles andere müssen Sie selbst mitbringen.
- Nützlich erweisen können sich auch Pflegeprodukte wie Lippenbalsam oder Massageöl.

Papiere

- Personalausweis
- Mutterpass
- Familienstammbuch oder Heiratsurkunde
- Geburtsurkunde (bei Unverheirateten)
- Versicherungskarte (Chipkarte).

Für Sie während des Klinikaufenthalt

- mehrere Baumwollnachthemden (vorne zu knöpfen)
- legere Kleidung für tagsüber
- mehrere Still-BHs oder Baumwoll-Bustiers (reichen um die Stilleinlagen festzuhalten und sind bequemer)
- Morgenrock oder Bademantel
- reichlich Baumwollunterwäsche zum Wechseln oder Wegwerfslips aus der Drogerie
- Hausschuhe, Socken oder Kniestrümpfe
- mehrere Handtücher und Waschlappen
- Ihre persönlichen Toilettensachen, die Sie täglich benutzen
- Kleidung für den Heimweg (Achtung, nicht zu eng!)
- Schreibzeug, Kleingeld (zum Beispiel zum Telefonieren, Handys dürfen nur außerhalb der Klinik benutzt werden!) Adressbuch, Bücher, Zeitschriften, Discman/ CDs oder Ähnliches.

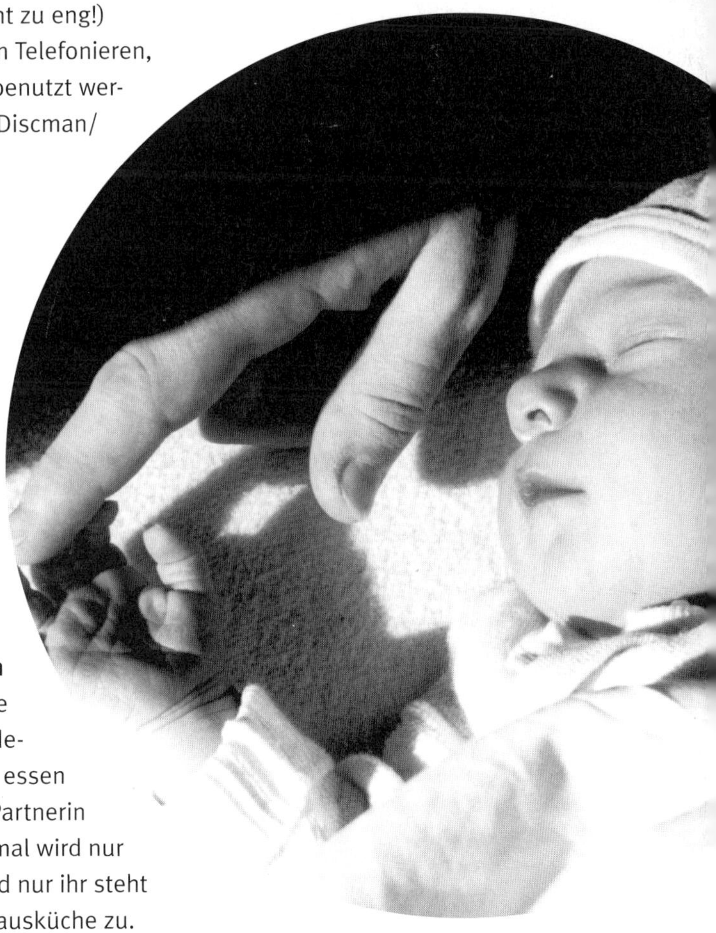

Für das Baby

In den meisten Krankenhäusern wird die Kleidung für den Säugling gestellt, sodass Sie nur etwas für den Heimweg benötigen:

- Hemdchen und Höschen (wahlweise einen Body) Größe 56 oder 62
- ein Strampler
- ein Mützchen und ein Jäckchen
- Kissen oder Tragetasche
- Autositz für den sicheren Heimweg

Für den Vater und andere Begleitpersonen

Auch der werdende Vater sollte für alle Fälle Kleidung zum Wechseln, eventuell eine Badehose (für eine Wassergeburt) und etwas zu essen und zu trinken mitnehmen, wenn er seine Partnerin bei der Geburt begleiten möchte. Denn formal wird nur die Frau im Krankenhaus aufgenommen und nur ihr steht daher Essen und Trinken aus der Krankenhausküche zu.

Die Geburt

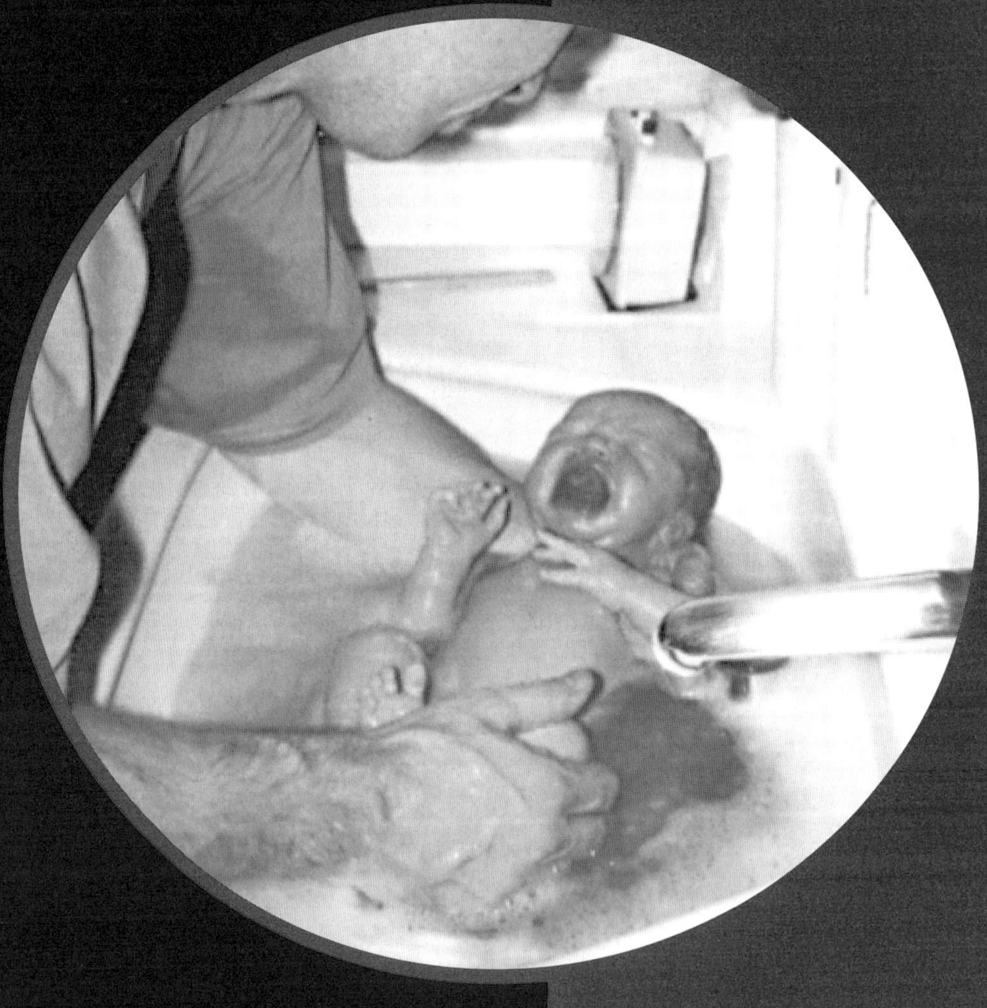

Auch wenn Sie in den vergangenen Monaten gut mit dem wachsenden Bauch leben konnten, so werden die letzten Wochen meist doch etwas beschwerlich. Sie können sich die Schuhe fast nicht mehr selbst zubinden, Hausarbeiten werden zur Qual, viele Frauen leiden unter Kurzatmigkeit und Rückenschmerzen. Selbst wenn Sie keine Beschwerden haben, kreisen die Gedanken jetzt immer wieder um die zentralen Themen „Wann geht es denn endlich los?” und „Was passiert bei der Geburt?“.

Woran erkennen Sie, dass es los geht?

Selbst wenn es schwer fällt: Versuchen Sie die letzten Wochen zu genießen. Bereiten Sie sich in Ruhe auf die Ankunft Ihres Babys vor. Gehen Sie noch einmal ins Kino oder in ein nettes Restaurant. Es wird eine Weile dauern, bis Sie für Freizeitaktivitäten dieser Art wieder Zeit und Muße haben. Aber achten Sie darauf, sich nicht zu übernehmen, denn für das bevorstehende Ereignis der Geburt benötigen Sie Kraft und Gelassenheit.

Es wäre schön, wenn wir Ihnen an dieser Stelle beschreiben könnten, woran Sie erkennen, dass „es" nun wirklich losgeht. Leider geht das nicht! So individuell jede Schwangerschaft verläuft, so unterschiedlich ist auch der Geburtsverlauf. Erste Anzeichen können regelmäßige Wehen, ein Blasensprung oder auch Blutungen sein. Bei mancher Frau kündigen leichte Unruhezustände, Übelkeit oder Durchfall die Geburt an.

Wehen

In den letzten Wochen der Schwangerschaft kommt es immer öfter vor, dass der Bauch hart wird, weil sich die Muskulatur im Unterleib anspannt. Das sind dann wahrscheinlich Senkwehen, bei denen das Kind tiefer ins Becken der Mutter rutscht oder der Körper der Mutter für den großen Tag „übt". Diese Senk- oder Vorwehen können zum Teil schon recht schmerzhaft sein und in regelmäßigen Abständen auftreten.

Wenn Sie unsicher sind, rufen Sie bei Ihrer Hebamme, Ihrem Arzt oder Ihrem Krankenhaus an

Wenn Sie verunsichert sind, kann Ihnen ein alter Hebammen-Tipp bestimmt helfen: Nehmen Sie in Ruhe ein warmes Vollbad. Das entspannt die Muskulatur und sorgt dafür, dass „falsche" Wehen sich schnell beruhigen. (Achtung – das warme Bad kann aber auch „richtige" Wehen verstärken oder gar auslösen!) Vorwehen fühlen sich eher wie normale Unterleibskrämpfe an, unterscheiden sich auch durch die „Art des Ziehens“ von richtigen Wehen und reagieren auf Bewegungen oder Lageveränderungen der Mutter. Sollten Sie weiterhin regelmäßige Wehen haben, dann geht es tatsächlich los. Wenn sie länger als 30 Sekunden dauern und eine Stunde lang in regelmäßigen Abständen von zehn Minuten gekommen sind, können Sie sich auf den Weg ins Krankenhaus machen.

3

Blasensprung

Ein anderes sicheres Zeichen für die bevorstehende Geburt ist der Blasensprung. Je nachdem, wo die Fruchtblase springt und wie tief das Köpfchen des Kindes im mütterlichen Becken liegt, geht das Fruchtwasser in einem großen Schwall oder nur tröpfchenweise ab. Kurze Zeit später treten meist die ersten Wehen auf.

Die Fruchtblase bildet ein schützendes Polster

Rufen Sie bei einem Blasensprung unbedingt sofort – auch nachts – Ihren behandelnden Arzt, Ihre Ärztin, Ihre Hebamme oder die geburtshilfliche Abteilung Ihres Krankenhauses an und legen Sie sich hin. Erreichen Sie dort niemand, rufen Sie einen Rettungswagen. Der Weg in die Klinik sollte erst nach Rücksprache erfolgen, da unter Umständen ein liegender Transport erforderlich ist: Weil durch den

Abgang des Fruchtwassers das Baby nicht mehr schwimmt und frei beweglich ist, kann sich in ungünstigen Fällen die Nabelschnur um den Hals des Babys wickeln. Im Liegen ist diese Gefahr dagegen stark verringert.

In der Klinik werden Sie dann sorgfältig untersucht und in regelmäßigen Abständen an ein CTG (Herzton-Wehenschreiber, ››› Seite 82) angeschlossen. Nach Meinung der meisten Geburtshelfer sollte das Baby innerhalb der nächsten 24 Stunden nach einem Blasensprung geboren werden, da die Hülle der Fruchtblase das Kind nun nicht mehr vor eventuell eindringenden Keimen und Bakterien schützen kann.

Sollte die Geburt nicht von selbst in Gang kommen, gibt es verschiedene Möglichkeiten, die Geburt einzuleiten (››› Seite 90). Experten streiten sich, ob das wirklich immer nötig ist. Fragen Sie nach den Gründen der jeweiligen Entscheidung.

Blutungen

Harmloses Zeichnen oder richtige Blutungen?

Ein anderes Signal für einen baldigen Geburtsbeginn kann das so genannte Zeichnen sein. Dabei löst sich der Schleimpfropf vom Gebärmutterhals und geht zusammen mit etwas Blut ab. Sollten Sie also etwas Blut in der Unterwäsche entdecken, so brauchen Sie nicht in Panik zur Klinik eilen. Trotz dieses Zeichens können noch Tage bis zum tatsächlichen Geburtsbeginn vergehen.

Sollten Sie allerdings richtige Blutungen haben, so könnte dies möglicherweise Komplikationen bedeuten. Nehmen Sie in diesem Fall unverzüglich Kontakt zu Ihrem Arzt, Ihrer Hebamme oder der Entbindungsklinik auf. Auch wenn Sie sich nicht sicher sind, ob es sich um „harmloses Zeichnen" oder Blutungen handelt, ist es besser anzurufen.

Väter bei der Geburt

Ein gut vorbereiteter Vater kann eine große Hilfe sein

Für viele Männer, die die Schwangerschaft bewusst miterlebt haben, ist es inzwischen eine Selbstverständlichkeit, dass sie an dem großen Tag „dabei sein" und ihre Partnerin so gut es geht unterstützen werden. Die Geburt des eigenen Kindes gehört für sie zu den intensivsten Erfahrungen ihres Lebens.

Manche werdenden Väter haben aber Bedenken und würden dem Kreißsaal eigentlich lieber fern bleiben, weil sie sich nicht sicher sind, den Anforderungen gewachsen zu sein. Sie fürchten vielleicht, ihrer Partnerin nicht wirklich helfen zu können und untätig herumzustehen. Oder es ist die Angst vor dem Schmerz, dem Blut, dem Unbekannten.

Ein gemeinsamer Geburtsvorbereitungskurs kann die Angst nehmen und dem werdenden Vater viele Tipps geben, wie er seiner Frau während der Geburt helfen kann. Wenn er aber nur auf Wunsch der Frau mitkommt oder sich von seiner Umgebung unter Druck gesetzt fühlt, weil man(n) nicht für einen Schwächling gehalten werden möchte, macht das die Geburt für alle Beteiligten nicht leichter. Hebammen, Ärzte und Ärztinnen können meist ein Lied davon singen.

Vor allem für die Beziehung der werdenden Eltern zueinander und auch für das spätere Verhältnis zum Kind, ist es wichtig, dass das Thema vorher offen besprochen wird. Wenn der Vater nicht mitkommen möchte, die werdende Mutter das Kind lieber ohne den Vater zur Welt bringt oder allein stehend ist, besteht die Möglichkeit, dass eine andere Vertrauensperson sie begleitet, sei es die Mutter, eine Freundin oder die Schwester.

Die Geburtsphasen

Das CTG

Das CTG (Cardiotokograph) ist ein Herzton-Wehenschreiber, der über zwei auf dem Bauch befestigte Elektroden und einen Schallempfänger (Mikrophon oder Ultraschallkopf) die Wehenstärke und die kindliche Herzschlagfrequenz aufzeichnet. Die Herzschlagfrequenz wird in Abhängigkeit von der Wehenfrequenz ausgewertet. Der Kurvenverlauf des CTG zeigt, wie das Baby die Anstrengung der Geburt verkraftet, ob es unter dem Druck der Wehen in Sauerstoffnot gerät und darauf mit Herzfrequenzschwankungen reagiert. So kann darauf geachtet werden, ob, wann und wie lange nach einer Wehe der Herzschlag langsamer wird und wann er sich wieder normalisiert.

Im Krankenhaus begeben Sie sich gleich in die geburtshilfliche Abteilung. Dort werden Sie von einer Hebamme empfangen, die mit Ihnen die notwendigen Formalitäten klärt. Sie werden zunächst untersucht, um festzustellen, wie weit die Geburt bereits fortgeschritten ist (ob und wie weit sich der Muttermund schon geöffnet hat). Außerdem wird ein so genanntes CTG (CardioTokoGramm) gemacht. Wenn die Hebamme sich einen Eindruck vom Fortschritt der Geburt gemacht hat, werden Sie vielleicht auch erst einmal auf einen Spaziergang geschickt oder gar wieder nach Hause entlassen. Erst wenn die Wehentätigkeit in kurzen regelmäßigen Abständen erfolgt und der Muttermund sich weitet, erfolgt die Aufnahme in den Kreißsaal.

Einlauf und Rasur oft Krankenhausroutine

In vielen Kliniken ist es üblich, der werdenden Mutter zunächst einen Einlauf zu machen oder ein Abführzäpfchen zu geben. Dies kann in der Eröffnungsphase helfen, die Wehen richtig in Gang zu bringen, weil die Darmtätigkeit anregend auf die Muskulatur der Gebärmutter wirkt. Ein leerer Darm braucht außerdem weniger Platz im ohnehin engen Geburtskanal. Zudem kann es bei einem vollen Darm passieren, dass unter dem starken Druck der Presswehen Stuhlgang mit hinaus gedrückt wird. Viele Frauen empfinden das als peinlich und möchten es gerne vermeiden. Aber eigentlich ist der Einlauf überflüssig, auch wenn er oft zur Klinikroutine gehört.

Auch für eine routinemäßige Entfernung der Schamhaare gibt es keine medizinische Notwendigkeit, selbst wenn diese Prozedur noch in mancher Klinik zu den Ritualen einer Aufnahme in den Kreißsaal gehört. Wenn Sie das ablehnen, widersprechen Sie, besser noch: fragen Sie schon bei der Auswahl der Klinik nach diesem Punkt.

Eröffnungsphase

In der Eröffnungsphase zieht sich die Muskulatur der Gebärmutter in gewissen Zeitabständen zusammen und lockert sich dann wieder. So öffnet sich der Muttermund langsam, bis er zehn Zentimeter groß ist. Weit genug, um das Kind aus der Gebärmutter zu entlassen. Dies kann gerade beim ersten Kind viele Stunden dauern und ist schmerzhaft, da die Muskulatur um den Muttermund und die gesamte Beckenbodenmuskulatur gedehnt wird.

Diese Phase kann gerade beim ersten Kind sehr lange dauern

In den Wehenpausen lassen die Schmerzen nach. Jetzt sollten Sie versuchen, sich zu entspannen und Kraft für die nächste Wehe zu tanken. Im Laufe der Eröffnungsphase werden die Wehenpausen immer kürzer, die Wehen immer länger. Gegen Ende dieser Phase kommen die Wehen alle zwei Minuten und dauern bis zu einer Minute. Das ist ausgesprochen kräftezehrend, zumal Sie nur wenig Einfluss auf das Geschehen haben. Der Körper tut nun seine Arbeit, ob es Ihnen recht ist oder nicht. Deshalb fühlen sich viele Frauen während der Geburt ihrem eigenen Körper ausgeliefert. Versuchen Sie, sich auf das Geschehen einzulassen. Eine Geburt kann nicht vom Kopf her gesteuert werden. Sie läuft leichter ab, wenn Sie auf Ihren Körper hören. Selbstbeherrschung ist dabei nicht erforderlich. Sie müssen sich nicht zusammenreißen, um nicht zu weinen, lachen oder zu schreien, wenn Ihnen danach ist. Jede Frau erlebt die Schmerzen der Wehen anders und zur Dauer der Geburt kann man zwar Durchschnittswerte angeben, aber in Ihrem Fall kann die Zeit auch wesentlich kürzer sein.

Jede Wehe bringt Sie der Geburt Ihres Kindes ein Stück näher

Lassen Sie sich nicht durch Horrorgeschichten aus dem Freundes- und Bekanntenkreis verunsichern. Die Geburt ist ein natürlicher Vorgang, den Milliarden Frauen ohne Schaden erlebt haben. Hinzu kommt, dass die Medizin heute im Stande ist, Ihnen jederzeit Angebote zur Schmerzreduzierung zu machen, wenn Sie die Schmerzen und Anstrengung nicht mehr aushalten zu können. Wenn Sie einen Partner oder eine andere Begleitperson bei der Geburt dabei haben, haben Sie eine Unterstützung, die Ihnen Mut machen kann und Ihnen hilft, Ihre Wünsche gegenüber Ärzten und Hebammen anzusprechen.

Geburtsstellungen

Bewegungsfreiheit und aufrechte Haltung sind günstig bei der Entbindung

Vor allem in der Eröffnungsphase sind Bewegung, Herumlaufen und sogar Treppensteigen hilfreich, um die Geburt zu beschleunigen. Durch die Schwerkraft übt das Baby Druck auf den Muttermund aus, damit sich dieser leichter öffnet.

Aber auch im weiteren Verlauf der Geburt können Sie sich die Schwerkraft zu Nutze machen. So kann es angenehm sein, sich auf einen Gymnastikball zu setzen, das Becken kreisen zu lassen oder leicht zu federn. Die meisten Entbindungsbetten können in Sitzposition gebracht werden, viele Kliniken stellen auch Geburtshocker zur Verfügung. Über die genaue Ausstattung der Klinik können Sie sich während der Kreißsaalbesichtigung informieren.

Entscheiden Sie aus der Situation heraus, in welcher Stellung Sie sich wohl fühlen und versteifen Sie sich nicht schon vor der Geburt auf eine bestimmte Art. Wichtig ist auch, dass Sie Ihre Position jederzeit ändern können.

Wassergeburt

Warmwasser kann den Schmerz erträglicher machen

Bei einer Wassergeburt bringt die Frau das Kind in der Badewanne zur Welt. Sie befindet sich dort während der Geburt zusammen mit der Hebamme und eventuell auch dem Vater. Der Aufenthalt im warmen Wasser wirkt im Allgemeinen schmerzlindernd und wehenfördernd. Durch den sanften Übergang vom Mutterleib ins warme Wasser soll dem Kind die Anpassung an die neue Umgebung erleichtert werden.

Trotz des großen Interesses, das dieser Geburtsmethode in den letzten Jahren entgegengebracht wurde, bieten nur relativ wenige Kliniken Wassergeburten an. Dies liegt größtenteils an mangelnder Erfahrung, Angst vor möglichen Infektionen und der Sorge, dass das Geburtsgeschehen unter Wasser schlechter kontrolliert werden könne. Geburtshelfer, die Erfahrungen mit Wassergeburten haben, verneinen dies.

Übergangsphase

Die Wehen werden unregelmäßig, aber heftig. Der Muttermund öffnet sich komplett, dabei senkt sich der Kopf des Kindes in den Beckenkanal. Der Druck auf den Enddarm und das Kreuzbein führt bei vielen Frauen dazu, durch Muskelanspannung zu pressen. Dies soll in dieser Phase aber nicht geschehen. Die Hebamme wird Sie anleiten, durch Atmung gegen den Druck zu arbeiten und die Wehen zu veratmen.

Wesentlich kürzer als die Eröffnungsphase

Austreibungsphase

Wenn der Muttermund so weit geöffnet ist, dass das Köpfchen hindurchpasst, wird es von den Wehenschüben herausgedrückt. Nun muss sich die Scheide weiten. Auch das ist schmerzhaft; aber viele Frauen empfinden die Austreibungsphase als angenehmer, weil sie nun wieder aktiv mitarbeiten können.

Diese Phase kann wenige Minuten, aber auch Stunden dauern

Auf dem Weg vom Muttermund zum Scheidenausgang muss sich das Kind mehrfach ein bisschen drehen, da das innere Becken seine größte Öffnung quer zum Scheidenausgang hat. Kurz bevor der Kopf den Damm passiert, wird die Hebamme Sie bitten, nicht mehr so stark zu pressen, damit der Damm nicht zu ruckartig gedehnt wird. Jetzt wird oft ein kleiner Schnitt gemacht, um ein unkontrolliertes Reißen des Damms zu verhindern oder die Geburt zu beschleunigen. Andere versuchen mit unterstützenden Maßnahmen (Dammschutz) einen Dammriss zu verhindern (››› Seite 92).

Der Kopf erscheint. Dann dreht sich das Kind nochmals um 90 Grad, damit die Schultern leichter durch den Scheidenausgang passen. Der Rest des Körpers gleitet dann fast wie von selbst heraus.

Bei einer sehr langen Austreibungsphase kann die Sauerstoffversorgung des Kindes durch das starke Pressen leiden. In den meisten Kliniken versucht man daher, diese Phase nicht wesentlich länger als eine halbe Stunde dauern zu lassen.

Zum Schutz des Kindes werden die Herztöne überwacht

Das Kind ist da

Ein glücklicher Augenblick

Den glückseligen, erleichterten ersten Moment nach der Geburt des Kindes beschreiben zu wollen, ist ein unmögliches Unterfangen. Normalerweise wird das Kind sogleich der Mutter auf den Bauch gelegt. Wenn die Nabelschnur nicht mehr pulsiert, wird heute meist der Vater gefragt, ob er sie durchtrennen möchte.

Doch die Geburt ist noch nicht vorbei, die Plazenta muss geboren werden. Dies ist in den meisten Fällen nicht mehr schmerzhaft. Arzt, Ärztin und Hebamme werden die Plazenta genau untersuchen um festzustellen, dass sie vollständig ist und kein Rest in der Gebärmutter zurückgeblieben ist.

Die folgenden Nachwehen verlaufen beim ersten Kind fast schmerzlos; mit jedem weiteren Kind werden sie stärker. Die Gebärmutter zieht sich wieder zusammen, verletzte Blutgefäße schließen sich. Um Blutungen zu vermeiden, wird in einigen Kliniken zur Unterstützung der Kontraktionen ein Medikament (Mutterkornpräparat) gespritzt. Der gleiche Effekt wird erreicht, wenn das Kind so schnell wie möglich der Mutter an die Brust gelegt wird und zu saugen beginnt, da so das Hormon Oxytozin produziert wird.

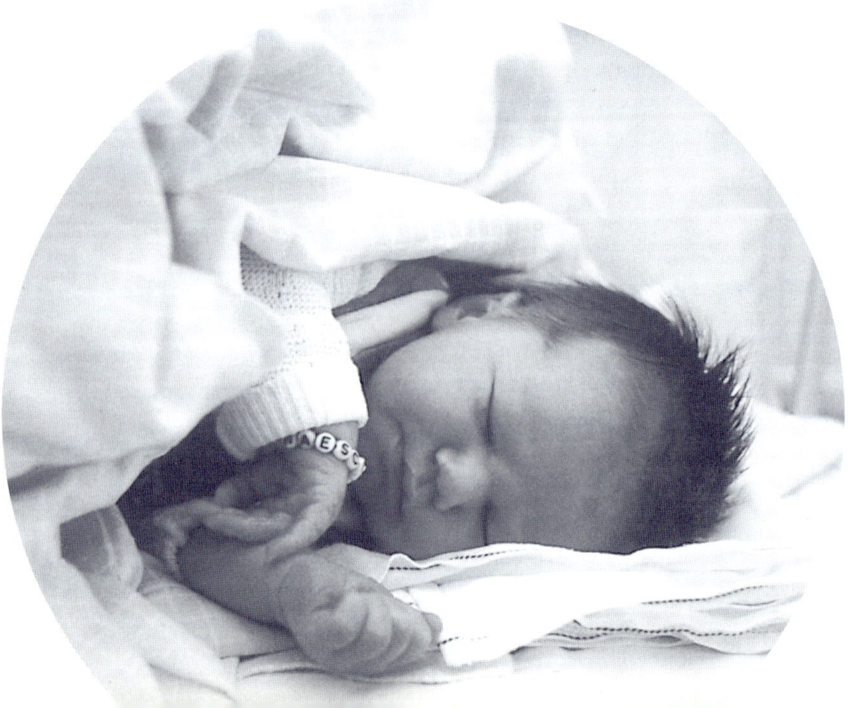

Schmerzmittel und andere Medikamente

Die Geburt eines Kindes ist mit Schmerzen verbunden, die von den werdenden Müttern ganz unterschiedlich empfunden werden. Das subjektive Schmerzempfinden hängt von verschiedenen Faktoren wie Vorerfahrung, körperlicher und psychischer Verfassung und nicht zuletzt von der Fähigkeit ab, sich zu entspannen. Deshalb ist es wichtig, dass Sie sich möglichst geborgen fühlen. Die Anwesenheit des Partners und die Atmosphäre im Kreißsaal können hierbei eine entscheidende Rolle spielen. Geburtshäuser oder die Hausgeburt bieten diesbezüglich natürlich die angenehmste Umgebung. In fortschrittlichen Kliniken wird aber bei die Gestaltung des Raumes durch Farben und Möblierung auch tendenziell eher eine Wohn- als ein Krankenhausatmosphäre erzeugt.

Jede Frau empfindet Schmerzen anders

Im Laufe der Geburt steigern sich die Schmerzen, was die Frau aber meist nicht so empfindet, da sie in die Schmerzen „hineinwächst". Dies hat mit der Ausschüttung des körpereigenen Hormons Endorphin zu tun, ein Stoff aus der Familie der Opiate, der die Schmerzempfindlichkeit der Frau während der Geburt mindert. Einige Frauen berichten im Nachhinein von einem rauschartigen Zustand, in dem sie sich befunden hätten, was auch durch die Endorphin-Ausschüttung erklärt werden kann. Wenn Sie aber das Gefühl haben, die Schmerzen nicht länger ohne Hilfe ertragen zu können, so steht Ihnen eine breite Palette schmerzlindernder Mittel zur Verfügung, die allerdings meist auch Auswirkungen auf das Kind haben. Sehen Sie den Wunsch nach schmerzlindernden Medikamenten aber nicht als persönliche Niederlage oder Schwäche an. Sie alleine können beurteilen, ob Sie die Schmerzen weiter aushalten können oder nicht. Zögern Sie also nicht, Arzt oder Hebamme um Abhilfe zu bitten.

Schmerzmittel ja oder nein? Ihre Entscheidung!

Beruhigungsmittel

Angstlösend und entspannend

Zu Beginn der Geburt können, vor allem wenn Angst und Verspannung im Vordergrund stehen, Beruhigungsmittel eingesetzt werden. Sie wirken muskelentspannend und angstlösend, helfen jedoch nicht unmittelbar gegen die Schmerzen.

Opiate

Schmerzmittel aus der Stoffgruppe der Opiate sind hochwirksam, weil sie das Schmerzzentrum im Gehirn betäuben. Sie vermindern aber nicht nur das Schmerzempfinden, sondern engen das Bewusstsein ein, sodass die Frau müde und teilnahmslos wird. Außerdem gelangen die Medikamente über die Plazenta auch in den kindlichen Organismus, der diese noch gar nicht abbauen kann. Das kann nach der Geburt dazu führen, dass das Kind schlapp und schläfrig ist oder sogar Atemstörungen bekommt. Der Arzt oder die Ärztin muss daher sehr sorgfältig abwägen, welches Mittel wann eingesetzt wird.

Lachgas

Lachgas war früher das gängige Schmerzmittel während der Geburt. Es ist aber längst veraltet und sollte nicht mehr angewandt werden. Die Mitarbeit der Mutter wurde meist stark eingeschränkt und es kam manchmal zu starker Übelkeit.

Pudendusblock

Beeinflusst nicht den Wehenschmerz

Um den Dehnungsschmerz beim Durchtritt des kindlichen Kopfes auszuschalten, kann ein Pudendusblock gesetzt werden. Mit einer langen Nadel wird ein Betäubungsmittel von der Scheide aus in den Bereich der Sitzbeinhöcker gespritzt. Nach wenigen Minuten sind Scheide und Damm weitgehend schmerzunempfindlich. Der Pressreflex wird meist nicht beeinträchtigt und auch das Ungeborene nicht. Der Pudendusblock wird vor allem dann eingesetzt, wenn die Geburt mit Zange oder Saugglocke beendet werden muss. Die Wirkung hält etwa eine Stunde an und erleichtert so auch, falls nötig, das Nähen des Dammschnitts. Bei einer Damminfiltration spritzt der Arzt oder die Ärztin das Betäubungsmittel zusätzlich fächerförmig in das Gewebe des Damms, um diesen gegen Schmerzen unempfindlich zu machen.

Peridural-/Epiduralanästhesie

Mit der Peridural- oder Epiduralanästhesie (PDA/EDA) wird den Frauen eine schmerzlose Geburt versprochen. Eine Spritze zwischen Lendenwirbel und Rückenmark blockiert die Nerven des Unterleibs und macht ihn vollkommen gefühllos. Der Einstich erfolgt meist zwischen dem dritten und vierten Lendenwirbel ohne Verletzung des Rückenmarks und darf nur von Anästhesisten (Narkosearzt/-ärztin) durchgeführt werden. Die so betäubte Gebärende muss sich völlig in die Hände des Geburtshelfers begeben, denn sie hat nun selbst keine Kontrolle mehr über den Geburtsverlauf.

Untersuchungen haben ergeben, dass die PDA die Eröffnungsphase verkürzen kann, die Austreibungsphase aber länger dauert. Außerdem verspürt die Frau keinen Drang zu pressen, sodass die Geburt viel häufiger mit Zange oder Saugglocke beendet werden muss. Da die Wehen bei einer PDA oft schwächer werden, muss die Frau dann an den Wehentropf gelegt werden. Noch Tage nach der Geburt können starke Kopfschmerzen oder vorübergehend gelähmte Beine die Folge einer PDA sein.

Kann auch beim Kaiserschnitt eingesetzt werden

Wenn eine Risikogeburt bevorsteht oder im Geburtsverlauf Komplikationen auftreten, kann eine PDA aber durchaus sinnvoll sein. Auch wenn bereits vor der Geburt feststeht, dass die Frau per Kaiserschnitt entbinden muss, überwiegen die Vorteile der lokalen Betäubung die Nachteile der Vollnarkose bei weitem. Da die Frau bei vollem Bewusstsein bleibt, kann sie so auch die ersten Momente im Leben ihres Kindes miterleben.

Wenn das Kind nicht von alleine kommt

Nicht jede Geburt verläuft störungsfrei und alleine von Kind und Mutter gesteuert ab. Trotz aller Bemühungen gibt es Situationen in denen die Geburtshelfer, Hebammen und Ärzte zu Maßnahmen raten, die eine Beschleunigung der Geburt zur Folge haben.

Einleitung der Geburt

Nicht immer eindeutig, wann eine Geburt eingeleitet werden muss

Die Geburt wird künstlich eingeleitet, wenn der errechnete Geburtstermin um mehr als zehn bis vierzehn Tage überschritten ist oder wenn die Ärzte aus anderen Gründen zu der Auffassung gelangen, das Kind müsse den Körper der Mutter verlassen. Nicht immer ist die Indikation eindeutig. Wenn Sie anderer Meinung als der Arzt sind, lassen Sie sich die Gründe genau erklären und besprechen Sie sich mit Ihrer Hebamme, bevor Sie entscheiden.

Zur Einleitung der Geburt werden vor allem drei Methoden angewendet.

- Die gängigste ist der so genannte Wehentropf. Dabei wird über einen Zugang am Handrücken das wehenfördernde Hormon Oxytozin eingeleitet, bis die Geburt beginnt.
- Eine andere Möglichkeit ist die Gabe des Hormons Prostaglandin. Dieses Hormon wird als Salbe oder Zäpfchen direkt in die Scheide eingebracht und wirkt auf den Muttermund ein. Es kann nicht so gut dosiert werden wie der Wehentropf.
- Schließlich kann auch durch das Öffnen der Fruchtblase versucht werden, die Wehentätigkeit anzuregen.

Daneben gibt es noch homöopathische oder andere nicht wissenschaftlich belegte Mittel aus dem Erfahrungsschatz von Hebammen.

Saugglocke oder Geburtszange

Saugglocke oder Geburtszange sind dann von Nutzen, wenn ein „Geburtsstillstand" droht. Vielleicht ist die Mutter nach den stundenlangen Anstrengungen der Wehen erschöpft oder das Kind liegt etwas ungünstig.

Saugglocke oder Zange sollen die Austreibungsphase verkürzen

Die Saugglocke besteht aus einer Halbkugel, die am Köpfchen des Kindes angesetzt wird. Diese Halbkugel ist durch einen Schlauch mit einem Gerät verbunden, das ein Vakuum erzeugt. Während einer Wehe wird mit einer Kette an der Saugglocke gezogen. Dies dehnt die Scheide, sodass das Baby schneller geboren werden kann.

Die Geburtszange wird aus ähnlichen Gründen benutzt wie die Saugglocke. Dabei handelt es sich nicht wirklich um eine „Zange", sondern vielmehr um zwei Löffel, die um den Kopf des Kindes gelegt werden, den Geburtskanal weiten und so dem Kind hinaushelfen.

Welche Methode benutzt wird, hängt im Wesentlichen von der gängigen Praxis der einzelnen Kliniken und Geburtshelfer ab. In jedem Fall muss ein großer Schnitt gemacht werden, um Glocke oder Zange einsetzen zu können. Die Art der Entbindung gilt deshalb als „vaginale Operation" und wird als solche in die Krankenhausakte und den Mutterpass eingetragen.

Dammschnitt – oft noch Routine

Der Dammschnitt (medizinisch: Episiotomie) wird immer noch in vielen Kliniken routinemäßig durchgeführt. Er wird vorgenommen, wenn der Kopf des Babys das Dammgewebe zwischen Scheide und After dehnt. Dabei wird das Gewebe entweder „median" (Richtung After) oder „lateral"(seitlich) durchtrennt, sodass das Baby dann sehr schnell geboren werden kann.

Weisen Sie darauf hin, wenn Sie einen Dammschnitt vermeiden wollen

Es gibt Gründe, die einen Dammschnitt nötig machen: wenn der Kopf des Kindes sehr groß, die Mutter sehr erschöpft oder das Dammgewebe völlig verkrampft oder verspannt ist. Experten streiten sich in

tipp

Durch Vorsorge (››› Seite 39) und mit Hilfe einer erfahrenen Hebamme sinkt das Risiko eines Dammschnitts erheblich. Erkundigen Sie sich bei der Wahl des Krankenhauses nach der dort üblichen Praxis.

der Frage, ob ein gerissener Damm schlechter heilt als ein gut versorgter Schnitt.

Werdende Eltern hinterfragen in den letzten Jahren immer häufiger die bisherige Praxis des Dammschnitts und nutzen dies als Kriterium für die Wahl der Klinik. Aber versteifen Sie sich nicht auf eine bestimmte Vorstellung. Auch wenn Sie bestens vorbereitet sind und die Hebamme noch so ehrgeizig versucht, den Damm während der Geburt zu stützen, kann ein Schnitt nötig werden bzw. ratsam sein.

Kaiserschnitt

Viele Frauen reagieren enttäuscht, wenn ihnen der Arzt oder die Ärztin mitteilt, dass ein Kaiserschnitt ratsam oder nötig ist. Sie fühlen sich nach einem Kaiserschnitt um das Erlebnis einer „natürlichen" Geburt betrogen, vor allem dann, wenn eine Vollnarkose gemacht werden musste und die Mutter das Kind erst Stunden nach der Geburt in Empfang nehmen konnte.

Jedoch hat die Medizin auch auf dem Gebiet der Schnittentbindung (medizinisch: Sectio) große Fortschritte gemacht. Der Kaiserschnitt gehört heute zur Krankenhausroutine (und wird in manchen Kliniken sogar öfter vorgenommen als es wirklich nötig wäre).

Dabei wird knapp oberhalb des Schambeins ein circa zehn Zentimeter langer Schnitt gemacht, durch den das Kind schon nach wenigen Minuten herausgehoben wird. Durch diesen Schnitt werden die längslaufenden Muskelschichten der Gebärmutter kaum verletzt, sodass sie bei einer späteren Geburt wieder völlig normal funktionieren können. Die ganze Operation dauert etwa eine Stunde. Man unterscheidet zwischen geplanten und ungeplanten Kaiserschnitten. Es gibt auch Indikationen, bei denen die Mutter vor der Entscheidung steht, ob sie per Kaiserschnitt oder normal entbinden möchte (zum Beispiel Steißlage des Kindes).

Wunschsectio

Seit einiger Zeit steigt die Anzahl der Kaiserschnitte jedes Jahr an. Im Jahr 2003 waren es in einigen Bundesländern bereits ein Drittel aller Geburten. In Fachkreisen wird heftig über die Gründe und Konsequenzen gestritten. Nicht zuletzt durch das Vorbild einiger prominenter Frauen angeregt, fordern Frauen eine planbare und scheinbar komplikationslose und schmerzfreie Geburt von den Ärzten ein. Manche Krankenhäuser werben gar mit dem Kaiserschnitt als besonderem Service. Bei gesetzlich krankenversicherten Frauen dürften die Kassen grundsätzlich nur für die Kosten des Kaiserschnitts aufkommen, wenn eine medizinische Begründung vorliegt, denn die Kassen dürfen nur medizinisch Notwendiges bezahlen. In der Regel scheinen aber die Kassen die Kosten zu übernehmen bzw. kann das Krankenhaus eine medizinische Notwendigkeit begründen. Wer sich für eine Wunschsectio entscheidet, sollte sich in jedem Fall ausführlich über die Risiken und den Verlauf nach dem Eingriff aufklären lassen!

Gründe für einen geplanten Kaiserschnitt sind:

- Querlage des Kindes
- sehr ungünstige anatomische Voraussetzungen (zum Beispiel sehr großer Kopf bei schmalem Becken)
- Prä-Eklampsie (››› Seite 50)
- Plazenta-Insuffizienz oder Plazenta Praevia (››› Seite 53).
- Vorerkrankungen (etwa eine Herzerkrankung) der Mutter

Wann kann ein Kaiserschnitt medizinisch notwendig sei?

Für einen ungeplanten Kaiserschnitt entscheiden sich die Geburtshelfer kurzfristig während der Geburt, falls die Herztöne des Kindes Anlass zur Besorgnis geben und die Geburt noch nicht so weit fortgeschritten ist, dass man sie mit Zange oder Saugglocke schneller beenden könnte. Oder wenn es über Stunden zu einer Wehenschwäche kommt, die auch durch den Wehentropf nicht behoben werden kann.

Bei ungeplanten Kaiserschnitten wird meist eine Vollnarkose gemacht, da diese sehr schnell wirkt. Bei geplanten Kaiserschnitten kann sich die Frau entscheiden, ob sie die Entbindung unter einer Periduralanästhesie (PDA) bei vollem Bewusstsein miterleben möchte. Dabei ist lediglich der Unterleib empfindungslos. Die Mutter kann gleich nach der Entbindung den Kontakt zum Kind aufnehmen und ist nicht so benommen wie nach einer Vollnarkose.

In manchen Kliniken dürfen Väter sogar beim Kaiserschnitt dabei sein

In jedem Fall kommt dem Vater bei einer Kaiserschnittentbindung eine besondere Rolle zu: Da die Mutter noch medizinisch versorgt werden muss oder bewusstlos ist, ist der Vater die erste Kontaktperson für das Neugeborene. Das Baby braucht jetzt Nestwärme und freundliche Zuwendung, damit es sich schnell in seinem neuen Leben wohl fühlen kann.

Geburt auf die Schnelle hat Nachteile

Lange glaubte man, dem Kind, das per Kaiserschnitt geboren wird, einen zusätzlichen Gefallen zu tun, da man ihm die Strapazen einer normalen Geburt erspare. Kaiserschnittbabys sehen ja auch nicht so zerdrückt und gequetscht aus wie normal entbundene. Heute weiß man, dass die normale Geburt für das Kind von großem Vorteil ist: Noch während der Geburt setzt der Körper der Mutter Hormone frei, die beim Kind die Reifung von Leber und Niere positiv beeinflussen. Außerdem wird bei der Geburt das restliche Fruchtwasser aus den Lungen des Kindes gepresst. Bei Kaiserschnittkindern muss das Fruchtwasser sorgfältig abgesaugt werden. Dennoch bleibt ein Restrisiko, dass durch verbliebenes Fruchtwasser in den Lungen Infektionen begünstigt werden könnten. Darüber hinaus stimuliert der normale Geburtsvorgang das gesamte Nervensystem des Neugeborenen, sodass es nach der Geburt weniger Anpassungsschwierigkeiten an seine neuen Lebensbedingungen hat als Kaiserschnittbabys.

Die Nachteile für die Mutter bestehen neben den Wundschmerzen in einem längeren Krankenhausaufenthalt und der Tatsache, dass sie sich oft erst nach einigen Tagen intensiv um ihr Kind kümmern kann. Rooming-in ist schwieriger und zusätzliche Hilfe der Krankenschwestern ist notwendig, damit das Stillen richtig in Gang kommt.

Die ersten Minuten

Ruhe und Zeit für die Begrüßung

Nach der Geburt wird das Baby heute üblicherweise gleich der Mutter auf den Bauch gelegt. Die erste Begegnung mit dem kleinen Wesen, auf das man sich so lange gefreut hat, wird kein Elternteil je vergessen. Sich das erste Mal tief in die Augen zu schauen, das erste Mal den kleinen Körper zu berühren!

Das Kleine ist dann noch ganz glitschig und sein Körper meist mit der „Käseschmiere" bedeckt. Die Käseschmiere schützt die Haut vor möglichem Aufweichen durch das Fruchtwasser und wird vor dem errechneten Geburtstermin immer weniger.

Damit das Neugeborene nicht auskühlt, deckt die Hebamme es mit einem angewärmten Tuch zu. Wenn die Nabelschnur auspulsiert hat, wird sie an zwei Stellen mit kleinen sterilen Plastikklammern abgeklemmt und durchtrennt. Meist wird heute dem Vater angeboten, diese Aufgabe zu übernehmen. Aus der Nabelschnur wird dann Blut entnommen zur Überprüfung der Blutgruppenverträglichkeit von Mutter und Kind (AGH-Test oder Coombstest).

Anschließend wird das Baby dem ersten Gesundheits-Check-up unterzogen, dem so genannten Apgar-Test.

Der Apgar-Test

Mit diesem Test beurteilen Arzt und Hebamme den Zustand des Kindes unmittelbar nach der Geburt. Dabei werden für bestimmte Untersuchungen 0 und 2 Punkten vergeben. Die Punkte werden addiert und in das Geburtsprotokoll eingetragen. Ein Wert von 10 ist das bestmögliche Ergebnis, liegt der Wert unter 6, benötigt das Kind sofort medizinische Hilfe. Das gleiche Bewertungsschema wird dann jeweils 5 und 10 Minuten nach der Geburt wiederholt, sodass schließlich drei Ergebnisse vorliegen.

A = Atmung

P = Puls (Herzschlag)

G = Grundtonus (Muskeltonus)

A = Aussehen (Hautfarbe)

R = Reflexauslösbarkeit

Erschrecken Sie nicht, wenn Ihr Kind gleich nach der Geburt noch nicht so rosige Haut hat und deswegen zunächst noch keine „Bestnote” bekommt. Während der Geburt ist die Durchblutung der Arme und Beine oft eingeschränkt, denn die inneren Organe haben Vorrang. Schon wenige Minuten später hat sich die Sauerstoffversorgung meist normalisiert und die Haut ist gut durchblutet.

Nabelschnurblut für Therapien?

Das Blut der Nabelschnur enthält einen hohen Anteil an Stammzellen, die bei der Therapie bestimmter Krebsarten eingesetzt werden. So werden bei Leukämiepatienten, für die kein geeigneter Knochenmarkspender gefunden wird, die aus der Nabelschnur gewonnenen Stammzellen als Knochenmarkersatz zum Zweck der Blutbildung transplantiert. Es ist deshalb sinnvoll dieses Blut geeigneten Blutbanken an Kliniken zur Verfügung zu stellen.

Es gibt allerdings auch Firmen, die an werdende Eltern mit dem Angebot herantreten, dieses Blut auf Vorrat für den „Eigengebrauch“ einzulagern. Für 20 Jahre Einlagerung fallen Kosten von etwa 1 950 Euro an. Von medizinischen Experten wird dies für nicht sinnvoll erachtet, denn die aus einer Nabelschnur gewonnene Blutmenge reicht in der Regel nur zur Therapie von Patienten bis etwa 30 Kilogramm Körpergewicht. Eine Lagerdauer über das Kindesalter hinaus wäre daher nicht sinnvoll. Kritiker beanstanden weiterhin, dass der Versuch, eine Leukämieerkrankung mit eigenen, eingelagerten Stammzellen zu bekämpfen, problematisch ist, weil die Krebserkrankung möglicherweise genetisch in diesen Zellen bereits angelegt ist und so eine Neuerkrankung riskiert wird.

Weitere Informationen kann man erhalten bei:
Zentrales Knochenmark-Spenderegister Deutschland
Helmholzstraße 10
89081 Ulm
Telefon: 07 34/15 07 00
www.zkrd.de

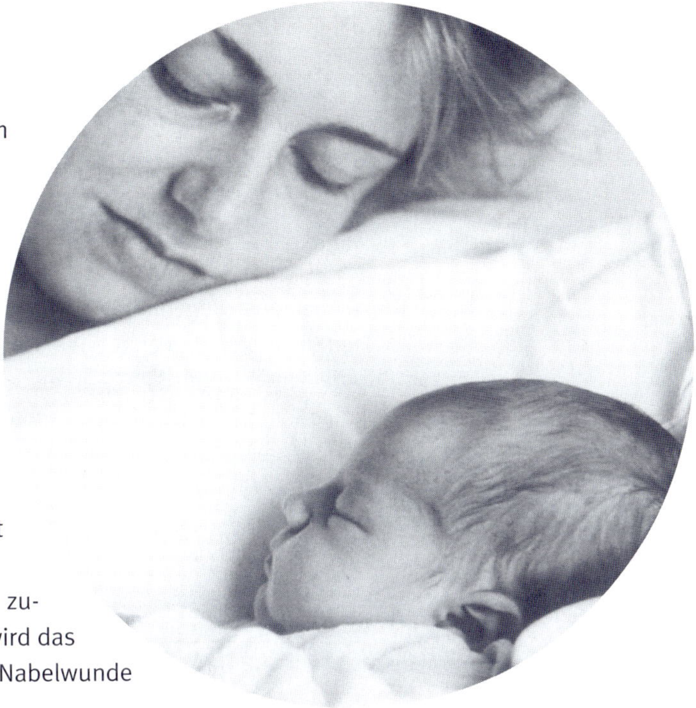

Nach der Verschnaufpause auf dem Bauch der Mutter wird das Baby häufig gebadet. Dazu wird meist nur klares Wasser benutzt, damit die verbleibende Käseschmiere nicht abgewaschen wird. Sie zieht in die Haut ein und ist der beste Schutz für die Haut des Babys. In vielen Kliniken darf der Vater sein Kind baden, wenn er möchte. In immer mehr Kliniken und Geburtshäusern wird gar nicht gebadet, um die wertvolle Käseschmiere der Haut des Babys ganz zugute kommen zu lassen. Danach wird das Kind gewogen, gemessen und die Nabelwunde mit einer sterilen Binde versorgt.

Credé-Prophylaxe

Üblicherweise erfolgt dann die so genannte Credé-Prophylaxe. Dabei wird dem Säugling in jedes Auge ein Tropfen Silbernitratlösung geträufelt, was vor möglichen Infektionen mit Gonorrhoe oder Chlamydien aus der Scheide der Mutter schützen soll. Eine solche Infektion würde zu einer schweren Augenentzündung führen. Leider brennen die Tropfen in den Augen und reizen nicht selten die Bindehaut des Neugeborenen. Diese Behandlung war früher vorgeschrieben, heute ist sie freiwillig. Sie können die Tropfen auf eigene Verantwortung ablehnen.

Anschließend macht der Arzt, die Ärztin oder die Hebamme beim Kind die erste Vorsorgeuntersuchung, die U1. Währenddessen können Sie sich ein bisschen frisch machen, eventuell duschen und ein sauberes Nachthemd anziehen.

Vitamin-K-Gabe

Routinemäßig bekommen die Neugeborenen einige Tropfen Vitamin K, da eine Unterversorgung vorliegen kann, was zu Störungen bei der Blutgerinnung führt. Die Vitamingabe erfolgt während der ersten Wochen zweimal.

Auch wenn Sie eine unproblematische Geburt hatten, bleiben Sie mit dem Kind noch etwa zwei Stunden im Kreißsaal zur Beobachtung. Oft steht hierfür eine spezielle Ecke oder ein kleiner Raum zur Verfügung, wo sich die Eltern ungestört mit ihrem Kind beschäftigen können. Der Raum sollte nicht zu hell sein, denn das Kind muss sich erst an die neue Umgebung gewöhnen. Auch wenn manche Neugeborenen die Augen erst einige Stunden nach der Geburt das erste Mal aufmachen, können sie vom ersten Moment an sehen und auch auf kurze Distanz Gesichter erkennen und sich merken. Schon jetzt beginnt es, eine Bindung mit der Mutter (und dem Vater) aufzubauen.

Legen Sie das Neugeborene möglichst umgehend an die Brust an

Wenn möglich, sollte der Säugling möglichst schnell zum ersten Mal an die Brust angelegt werden, denn der Saugreflex ist gleich nach der Geburt besonders stark. Außerdem fördert das frühe Anlegen die für die Rückbildung der Gebärmutter nötigen Kontraktionen. Die damit verbundenen Nachwehen sind nach der Geburt des ersten Kindes in der Regel nicht schmerzhaft; sie werden meist erst nach der Geburt des zweiten Kindes als unangenehm empfunden. Weitere Informationen zum Stillen finden Sie auf den Seiten 104 ff.

Die Vormilch

Unmittelbar nach der Geburt bis fünf Tage danach wird die Vormilch, das so genannte Kolostrum, produziert.
Es enthält einen höheren Anteil an Protein, zusätzliche Vitamine und Antikörper.
Dies schützt das Neugeborene vor Infektionen und beugt Allergien und Magen-Darm-Erkrankungen vor.

Sollten Sie sich gegen das Stillen entschieden haben, erhalten Sie Medikamente, die die Milchbildung unterdrücken.

Rooming-in

Gut für die Mutter-Kind-Beziehung

Auf der Wöchnerin- oder Wochenstation angekommen, müssen Sie sich in fortschrittlichen Kliniken nicht mehr von Ihrem Kind trennen, es sei denn Sie sind sehr erschöpft und möchten sich ausruhen. Rooming-in bedeutet, dass Sie Ihr Kind rund um die Uhr bei sich im Zimmer haben können. Wissenschaftliche Untersuchungen belegen, dass gerade in den ersten Tagen der Grundstein für die spätere Eltern-Kind-Beziehung gelegt wird. Für diesen Prozess, im Wissenschaftsjargon „bonding" genannt, braucht das Baby liebevolle Zuwendung und Nestwärme. Je mehr Mütter mit ihren Babys sich ein Zimmer teilen müssen, um so unruhiger wird es natürlich in dieser Zeit.

Sollte die Mutter aus welchen Gründen auch immer nicht in der Lage sein, sich in den ersten Tagen selbst um das Kind zu kümmern, so kann der Vater oder ein nahestehender Angehöriger diese Aufgabe übernehmen. Von möglichen „Stundenplänen" und Gepflogenheiten auf der Entbindungsstation sollten Sie sich dabei so wenig wie möglich stören lassen. In einigen Kliniken werden sogar Familienzimmer angeboten, in denen der Vater und die Geschwister über Nacht bleiben können.

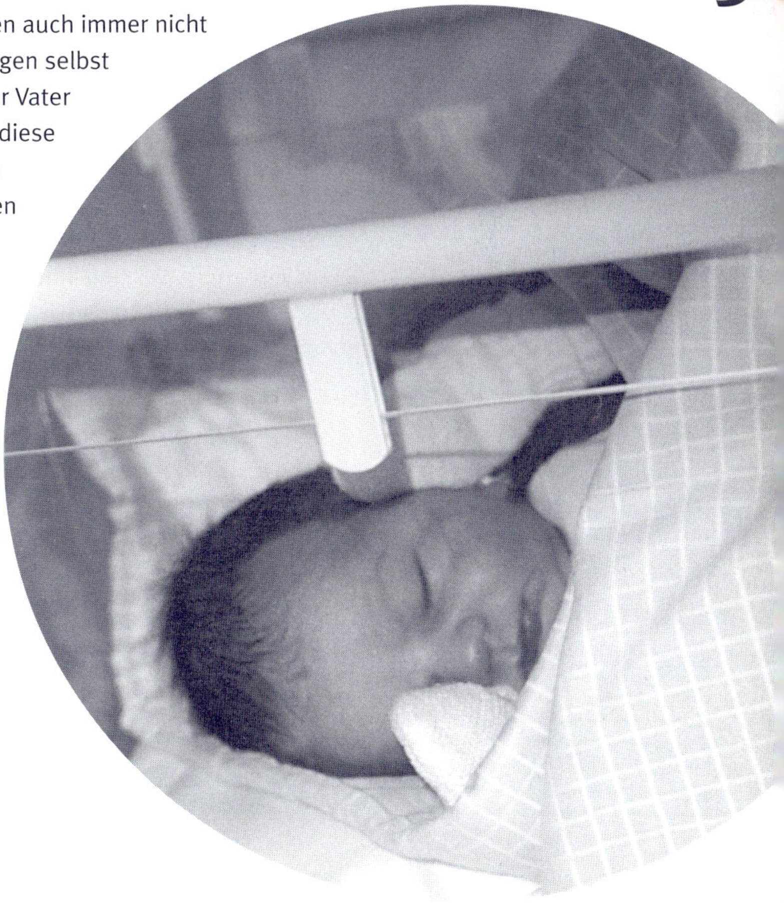

Ambulante Geburt

Das Leben mit dem Baby kostet Kraft, nichts ist mehr wie vorher

Möchten Sie einer ambulanten Geburt den Vorzug geben, weil Sie sich im häuslichen Umfeld nicht an Klinikroutinen und fremde Menschen anpassen müssen, dann sollten Sie vorab mit Ihrem Partner, Ihrer Familie oder Freunden absprechen, wer Mutter und Kind in den ersten Tagen pflegen wird und die Hausarbeit übernimmt. Nehmen Sie sich selbst nicht zu viel vor und scheuen Sie sich nicht, Hilfe anzunehmen. Denn gerade in den ersten Tagen und Wochen ist es für Sie wichtig, dass Sie sich ganz um Ihr Kind, das Stillen und Ihre eigene Genesung kümmern können.

Außerdem sollte vorab sichergestellt werden, dass Sie noch am Tage der Entlassung aus der Klinik von einer Hebamme betreut werden, die dann die Nachsorge zu Hause übernimmt. In den ersten zehn Tagen nach der Geburt kommt sie täglich ins Haus, bei Problemen auch danach. Bis zu 16 Besuche werden in den ersten acht Wochen von der Krankenkasse übernommen.

tipp

Vor der Abfahrt in die Klinik, spätestens aber sofort nach der Geburt sollte die Hebamme unterrichtet werden.

Sie müssen übrigens nicht automatisch nach der Geburt in der Klinik bleiben, in der Sie entbunden haben, auch wenn Sie dies ursprünglich vorhatten. Wenn es Ihnen und dem Kind gut geht, es keine Komplikationen gibt, können Sie, nachdem Sie einige Stunden ausgeruht haben, nach Hause gehen. Das Krankenhaus kann Sie nicht daran hindern. Wichtig ist, dass Sie Ihre Hebamme sofort verständigen.

Häusliche Pflege

Nach einer ambulanten Geburt, aber auch nach einer stationären Entbindung können Sie – wie schon während der Schwangerschaft – häusliche Pflege beanspruchen, wenn diese Betreuung erforderlich ist.

Wichtig: Stellen Sie den Antrag, bevor die Pflegeperson tätig wird, und fügen Sie eine ärztliche Bescheinigung über Grund, Art, Ausmaß und voraussichtliche Dauer dieser Pflege bei. Kann eine im Haushalt lebende Person die Versicherte ganz oder zum Teil zu betreuen, reduziert sich der Anspruch, unter Umständen gar vollständig. Die Kosten für die häusliche Pflege übernimmt die gesetzliche Krankenkasse. Es fallen keine Zuzahlungen an. Privat Krankenversicherte müssten sich nach den Leistungen ihres jeweiligen Vertrages erkundigen.

Haushaltshilfe

Können Sie aufgrund der Entbindung den Haushalt nicht selbst weiterführen oder auch keine bei Ihnen lebende Person, so erhalten Sie als Versicherte der gesetzlichen Krankenkasse eine Haushaltshilfe. Die Notwendigkeit und der Umfang der Leistung werden stets individuell geprüft.

Wichtig: Stellen Sie den Antrag auf Haushaltshilfe bei der Kasse, bevor Sie die Hilfe in Anspruch nehmen, und fügen Sie wiederum die ärztliche Bescheinigung über die voraussichtliche Dauer der Maßnahme bei. Die Kassen zahlen Haushaltshilfe unterschiedlich lang. Erkundigen Sie sich bei Ihrer Kasse nach den dort geltenden Fristen. Vermag die Krankenkasse Ihnen keine Haushaltshilfe zu stellen, so hat sie Ihnen die Kosten für eine selbstbeschaffte Hilfe zu erstatten. Informieren Sie sich bei der Kasse, ob bzw. welche Leistungsbeschränkungen sie zum Beispiel bei verwandten und verschwägerten Haushaltshilfen macht. Auch hier gilt wieder: Privat Versicherte erhalten die Leistungen, die Bestandteil ihres Vertrages sind.

Die ersten Tage nach der Geburt

Wenn Sie mit dem Baby wieder zu Hause sind, werden Sie sich unter Umständen etwas hilflos fühlen. Wie wird das Baby versorgt, wann muss es gestillt werden, wann gebadet? Müssen Behördengänge und andere Formalitäten erledigt werden? Und was wird in den ersten Tagen und Wochen für das Baby gebraucht? – Keine Sorge, nach kurzer Zeit werden Sie sich aneinander gewöhnt haben. Für alle Fragen steht Ihnen außerdem die Hebamme zur Verfügung.

Stillen

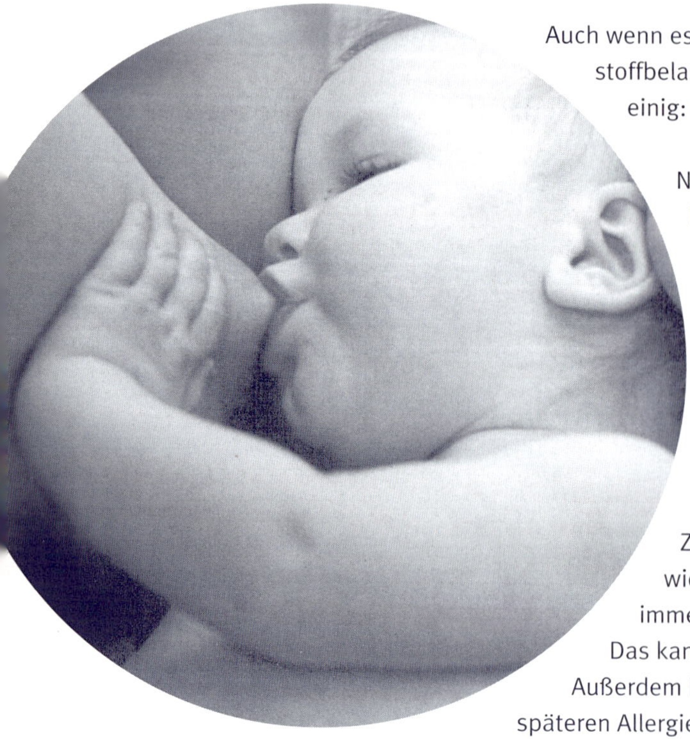

Auch wenn es immer wieder Diskussionen um die Schadstoffbelastung gegeben hat, so sind sich die Experten einig: Muttermilch ist durch nichts zu ersetzen.

Neben der körperlichen Nähe und Wärme beim Stillen ist die Zusammensetzung der Muttermilch ideal, da sie alles enthält, was das Kind für einen guten Start ins Leben braucht. Die Vormilch (Kolostrum), die das Kind in den ersten Tagen nach der Geburt bekommt, enthält viele wichtige Abwehrstoffe und bereitet den Magen-Darm-Trakt auf seine zukünftige Aufgabe vor. Im weiteren Verlauf der Stillzeit verändert sich die Zusammensetzung der Nährstoffe mit der Entwicklung des Kindes. Die Muttermilch ist also immer genau auf dessen Bedürfnisse abgestimmt. Das kann keine moderne Säuglingsmilch leisten. Außerdem bietet das Stillen größtmöglichen Schutz vor späteren Allergien.

Stillen hat zahlreiche Vorteile für Mutter und Kind

Durch das Stillen wird das alte Gewicht wieder schneller erreicht und die häufig auftretende „Neugeborenengelbsucht" geht schneller zurück. Die Gebärmutter bildet sich rascher zurück, sodass es seltener zu Infektionen und Problemen im Wochenbett kommt. Schließlich kann durch das Stillen in nicht unerheblichem Maße Geld gespart werden. Die Einsparungen durch nicht benötigte Milchnahrung, Sauger und Fläschchen kann im ersten halben Jahr schnell 500 Euro ausmachen.

Babys sollten daher mindestens sechs Monate voll gestillt werden. Frühestens danach sollten Sie mit Beikost beginnen. Besonders wichtig ist dies, wenn in der Familie Allergien vorkommen, da dann das Risiko für das Kind steigt, selbst zu erkranken.

Das Stillen in den ersten Lebensmonaten ist außerdem die praktischste Art und Weise, einen Säugling zu ernähren. Sie haben immer alles dabei, hygienisch, frisch und wohltemperiert.

Damit das Stillen richtig in Gang kommt, sollten Sie sich von einer erfahrenen Hebamme unterstützen lassen. Sie wird Ihnen mit Rat und Tat zur Seite stehen, falls Probleme auftreten (››› Seite 10 ff.). Mit der richtigen Anleitung pendelt sich die Milchproduktion schon nach einigen Wochen ein und Sie bekommen die nötige Sicherheit im Umgang mit dem Neugeborenen.

Sofern Sie noch einige Zeit im Krankenhaus verbleiben, ist es wichtig, dass die Mitarbeiterinnen Sie beim Stillen unterstützen. Neben dem „Rooming-in“ (››› Seite 99) und fachkundigem Rat und Anleitung sollte es nicht üblich sein, routinemäßig bei stillenden Müttern zuzufüttern, also den Neugeborenen Tee und Zuckerlösungen zu geben. Dies kann den Stillerfolg beeinträchtigen. Außerdem kann durch die Zufütterung die Neugeborenengelbsucht verstärkt werden.

Neugeborenengelbsucht

Bei ungefähr der Hälfte aller Neugeborenen kommt es zwischen zweitem und siebtem Tag zu einer „Neugeborenengelbsucht“. In den meisten Fällen ist sie bedingt durch eine verzögerte Ausscheidung des gelben Blutfarbstoffes (Bilirubin), der beim – völlig normalen – Abbau der roten Blutkörperchen entsteht. Die „natürliche“ Neugeborenengelbsucht ist in der Regel völlig ungefährlich. Nach Rücksprache mit Hebamme/ Kinderarzt kann sie gut von der Mutter behandelt werden durch häufiges Füttern (am besten Stillen) und Kontakt mit der Sonne. Überschreitet die Konzentration des gelben Farbstoffes bestimmte Grenzwerte, kann die Ausscheidung mit Hilfe der so genannten Phototherapie (Beleuchtung des Babys mit UV-Licht in bestimmter Wellenlänge) weiter beschleunigt werden.

Aber auch wenn medizinische und psychologische Gründe für das Stillen sprechen, sollte sich keine Frau genötigt fühlen, stillen zu müssen. Jetzt, da das Stillen wieder im Trend liegt, haben manche Frauen Angst, keine ideale Mutter zu sein, wenn sie ihr Kind anders ernähren. Zwänge, Verkrampfung und Unwohlsein sind beim Stillen aber äußerst hinderlich. Oft kommen dann körperliche und emotionale Probleme zusammen: Die junge Mutter ist völlig überfordert.

In manchen Fällen mag es besser sein, auf das Stillen zu verzichten, denn die Beziehung zum Kind und das Wohlbefinden der Mutter sollten im Vordergrund stehen. Kinder haben ein feines Gespür für das, was in ihrer Mutter vorgeht, und merken ganz genau, wenn sie ihnen nur gequält oder halbherzig die Brust gibt. Dann kann eine Frau vielleicht eine „bessere“ Mutter sein, wenn sie nicht stillt. Treffen Sie

tipp

Falls Sie Probleme mit dem Stillen haben oder sich davor fürchten, sollten Sie sich an eine Hebamme oder eine Stillgruppe wenden. Adressen bekommen Sie über Kliniken, die deutsche LA LECHE LIGA oder die Arbeitsgemeinschaft freier Stillgruppen, AFS (››› Seite 183).

check

Gut vorbereitet zum Stillen

Die „Nationale Stillkomission“, ein Expertengremium, das die Bundesregierung berät und das Stillen in Deutschland fördern soll, hat eine Checkliste mit wichtigen Aspekten zusammengestellt. Wir haben einige der Punkte im Folgenden aufgelistet: Sie sind natürlich nicht im Sinne einer Prüfung gemeint, sondern können Grundlage für Fragen an Ihre Hebamme sein, wenn Sie sich noch nicht ausreichend auf das Stillen vorbereitet fühlen:

- ✓ Ich kann mein Kind an beiden Brüsten ohne Probleme und in mehreren Stillpositionen anlegen.
- ✓ Ich weiß, dass ich durch richtiges Anlegen wunde Brustwarzen, Milchstau und andere Probleme vermeide.
- ✓ Mein Baby kann beide Brüste gut erfassen.
- ✓ Stillen sollte nicht schmerzhaft sein.
- ✓ Ich weiß, wann es Zeit ist, mein Baby zu stillen und kenne die Hungersignale (Schreien ist ein spätes Hungersignal).
- ✓ Ich weiß, wie oft ich mein Baby in 24 Stunden stillen sollte (mindestens achtmal in 24 Stunden in den ersten vier Wochen).
- ✓ Ich weiß, dass mein Baby die Trinkdauer selbst bestimmt (anfangs mindestens 20 Minuten pro Mahlzeit).
- ✓ Ich kenne die Möglichkeiten, falls nötig, mein Baby zum Trinken zu bringen, auch wenn es schläfrig ist (z. B. Aufnehmen, Entkleiden, Wickeln).
- ✓ Ich weiß, wie viele volle Windeln mein Baby in den ersten Wochen täglich haben sollte (mindestens sechs nasse Windeln, mindestens zwei Stuhlwindeln).
- ✓ Ich weiß, wie viel mein Baby nach den ersten 14 Tagen pro Woche zunehmen soll (mindestens 125 g).
- ✓ Ich weiß, wo ich mir Hilfe beim Stillen und im Wochenbett holen kann.

Ihre Entscheidung, und lassen Sie sich keine Schuldgefühle einreden.

Es gibt allerdings auch Fälle, in denen eine Mutter nicht stillen sollte: wenn sie bestimmte Medikamente einnehmen muss, die dem Kind schaden könnten, oder wenn bei der Mutter eine HIV-Infektion, Tuberkulose oder eine andere schwere Erkrankung festgestellt wurde, die die Mutter sehr schwächt oder auf das Kind übertragen werden könnte.

Wochenbettdepressionen
Bei einigen Müttern kommt es wenige Tage nach der Geburt zu einer schweren seelischen Krise, der „Wochenbettdepression". Scheuen Sie sich nicht, mit Ihrem Arzt, Ihrer Ärztin oder Ihrer Hebamme auch über Ihre Gefühle zu sprechen, wenn Sie nicht glücklich sind oder das Baby ablehnen. In den meisten Fällen wird diese Krise nach kurzer Zeit überwunden sein.

Übrigens: Stillen schützt nicht vor einer neuen Schwangerschaft!

Säuglingsmilchnahrung

Auch wenn Sie ihr Baby nicht stillen, sondern sich für eine Ernährung mit Säuglingsmilchnahrung entscheiden, können Sie Ihre Hebamme um Rat fragen. Eine Beratung über die ersten zehn Tage hinaus wird allerdings nicht von den Kassen bezahlt. Aber, ob das Gewicht des Babys stimmt, es ausreichend trinkt und sich gut entwickelt, können Sie auch mit dem Kinderarzt oder der Kinderärztin besprechen. Wichtig ist, dass Sie ausschließlich industriell hergestellte Säuglingsnahrung kaufen und nicht Kuhmilch oder andere selbst zubereitete Nahrung füttern. Eine ausgewogene und ausreichende Ernährung ist sonst nicht gewährleistet. Es ist deshalb auch wichtig, sich genau an die Vorgaben zur Zubereitung auf der Packung zu halten. Eine dauernde Überdosierung kann zu Übergewicht und Problemen mit Leber und Nieren führen. Wenn Sie Allergien bei Ihrem Kind befürchten, können Sie auch bei Fertignahrung auf spezielle „hypoallergene" Säuglingsnahrung zurückgreifen. Wichtig ist natürlich auch ein hohes Maß an Hygiene bei der Zubereitung und Fütterung. Die Nahrung muss stets frisch zubereitet werden, das verwendete Wasser immer abgekocht sein. Alle verwendeten Fläschchen und Sauger müssen täglich in einem Topf oder einem speziellen Sterilisator ausgekocht werden.

tipp
Wenn Sie sich über die Ernährung von Kindern in den ersten Lebensjahren informieren wollen, empfehlen wir Ihnen den Ratgeber der Verbraucherzentralen „Gesunde Ernährung von Anfang an".

Was braucht Ihr Baby?

Der Markt für Baby- und Kleinkindbedarf ist riesig, sodass er kaum zu überschauen ist. Neben nützlichem Zubehör und interessanten Neuheiten wird auch völlig Unnötiges angepriesen. Wer kann schon im Vorfeld beurteilen, was dann tatsächlich benötigt wird? Ein Gespräch mit einer erfahreneren jungen Mutter hilft da wahrscheinlich eher weiter als der Bummel durch den Babymarkt. Dabei sind allerdings die Bedürfnisse so unterschiedlich wie die werdenden Eltern.

Gute Markenware lässt sich auch aus zweiter Hand erwerben. Vorher sollten Sie sich ein bisschen informieren, damit Sie wissen, was Ihnen persönlich gefällt und vorschwebt. Anzeigenblätter und Tageszeitungen sind voll von privaten Kleinanzeigen mit Babyausstattungen. Aber gerade bei der Erstausstattung für das erste Kind gelingt es nur wenigen, die Ausgaben unter rein nüchternen Kostenaspekten zu betrachten. Die Vorbereitungen und das Einkaufen für das Baby machen ja zweifelsohne viel Spaß. Und es sollte sicher nicht am falschen Ende (zum Beispiel beim Autositz) gespart werden.

Die Grundausstattung für den Säugling

tipp

Wenn Sie schon alles haben: Gutscheine für Babysitten oder Übernehmen von Besorgungen sind hilfreich und preiswert.

Wenn Sie einen großen Freundes- und Verwandtenkreis haben, werden Sie vermutlich mit zahlreichen Babysachen beschenkt werden. Damit Sie nicht fünf Krabbeldecken und drei Spieluhren bekommen, darf man ruhig im Voraus planen. Potentielle Schenker freuen sich in der Regel auch über gezielte Hinweise. Viele Babyausstatter bieten als Service an, Geschenklisten zu hinterlegen. Auf diese Weise können Sie Ihre Wünsche konkret benennen und die nicht unerheblichen Kosten für die Erstausstattung Ihres Kindes verringern; Sie sind allerdings an einen Anbieter gebunden.

Gerade in den ersten Monaten wächst ein Säugling schnell und manch eine Kleidergröße hält nur wenige Wochen. Kaufen Sie also von den kleinen Größen (50 bis 68) nicht zu viel. Die ganz Kleinen machen sich kaum schmutzig und müssen deshalb nicht oft umgezogen werden. Das ändert sich dann im zweiten Halbjahr, wenn sie den ersten Brei bekommen, wenn sie robben und krabbeln. Kaufen Sie Babykleidung ruhig etwas zu groß, denn beim Waschen und Trocknen laufen Baumwollsachen erfahrungsgemäß etwas ein. Gebraucht gekaufte Kleidung fällt deshalb meist etwas kleiner aus, da sie ja bereits getragen und gewaschen wurde.

Für die ersten Lebenswochen braucht das Baby noch nicht viel

Orientieren Sie sich beim Kauf an den Kennzeichnungen wie zum Beispiel „Textiles Vertrauen – Schadstoffgeprüfte Textilien nach Öko-Tex Standard 100" oder „Naturtextil" (meist in Bioläden oder über den Naturtextil-Versandhandel erhältlich). Beide garantieren weniger Schadstoffe in der Babykleidung.

Gerade bei Babysachen lohnt es sich, gebrauchte Bekleidung in Secondhandshops, Kinderbasaren oder über Zeitungsannoncen zu erwerben. Die Kleinen sind aus den meisten Sachen sowieso schon herausgewachsen, bevor sie verschlissen sind. Prüfen Sie die Angebote in Ruhe, vielleicht ist auch das ein oder andere Schnäppchen für Sie dabei. Außerdem ist Secondhandkleidung bereits gewaschen und dadurch schadstoffärmer als neue Babytextilien.

4

check

Grundausstattung

Bekleidung

- ✓ 6 Erstlingsbodys in Größe 62/68 (alternativ 6 Flügelhemdchen und 6 Höschen in Größe 62/68)
- ✓ 6 Hemdchen/Shirts oder Jäckchen mit langem Arm in Größe 62/68
- ✓ 3 Strampler in Größe 56
- ✓ 3 Strampler in Größe 62
- ✓ 3 Strampler in Größe 68
- ✓ 1 Wolljacke oder einen Schneeanzug (je nach Jahreszeit)
- ✓ 1 Baumwoll- und ein Wollmützchen

check

- 2 Paar Wollsöckchen
- 4 Paar Babysöckchen (Baumwolle)
- 3 Schlafanzüge (können ruhig etwas größer sein)
- 10 Spucktücher (Mullwindeln)
- Babywolldecke

Hygiene

- Kindernagelschere
- digitales Fieberthermometer
- Wundheilsalbe
- Windeleimer mit Deckel
- Badethermometer
- mehrere Waschlappen
- Badetuch
- Kunststoffbadewanne (eventuell mit Spezialgestell als Badewannenaufsatz; auf GS-Zeichen achten!)

Bei Flaschenmilchernährung

- Milchpulver
- 6 große Flaschen
- 12 Sauger
- Flaschenbürste
- Flaschenwärmer
- eventuell Vaporisator (zum Auskochen der Fläschchen; ein Kochtopf entsprechender Größe tut's aber auch)

Windeln

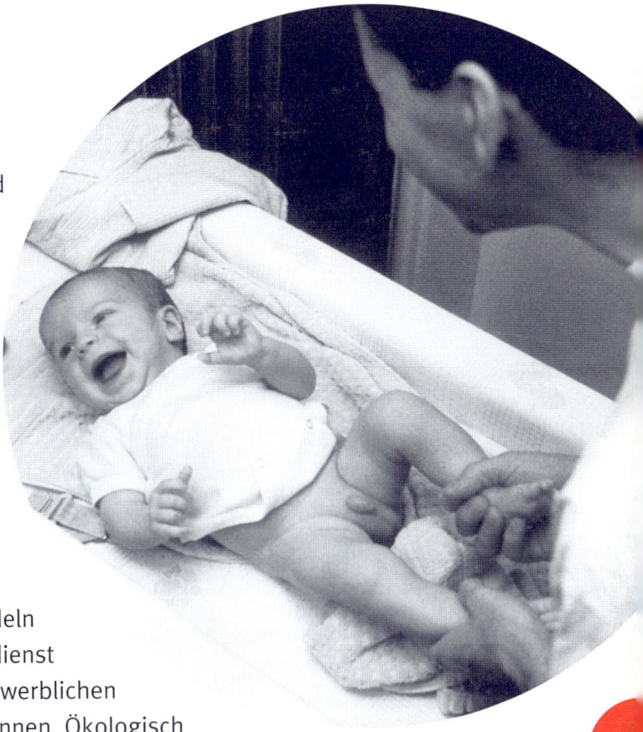

Beim Wickeln gibt es verschiedene Alternativen, zwischen denen Sie wählen können. Über Vor- und Nachteile der Methoden sowie deren Umweltverträglichkeit werden unterschiedlichste Meinungen vertreten.

Manch einem wird schwindelig bei der Vorstellung von dem nicht recyclingfähigen Müllberg, den ein Kind in den zweieinhalb bis vier Jahren, bis es „trocken" ist, anhäuft. Doch auch das Waschen der Windeln belastet Gewässer und Umwelt in erheblichem Maße. Durch die Wahl und Dosierung des Waschmittels können Sie die Umweltbelastung gezielt verringern. Wer die Windeln nicht selbst waschen möchte, kann einen Windeldienst in Anspruch nehmen, mit dem Vorteil, dass die gewerblichen Waschmaschinen umweltschonender waschen können. Ökologisch nachteilig sind hier die vielen Servicefahrten. In Deutschland gibt es inzwischen ein flächendeckendes Netz von Anbietern, die wöchentlich saubere Stoffwindeln in der entsprechenden Größe bringen und die benutzten Windeln abholen. Adressen erfahren Sie über:

tipp

Das beste Rezept gegen Windeldermatitis: Viel Luft an den Po lassen.

Verband der deutschen Windeldienste
Neuenhauser Straße 12
51491 Overath
Telefon: 0 22 06/85 85 79
www.vdwev.de

Erfahrungen zeigen allerdings, dass sich die Entscheidung für eine alternative Wickelmethode finanziell nur dann rechnet, wenn Sie auch nach Monaten noch dabei bleiben. Nicht wenige Eltern wechseln – nach guten Erfahrungen in den ersten Monaten – im zweiten Halbjahr zur Wegwerf-Höschenwindel, weil diese wegen der zunehmenden Bewegungsfähigkeit des Kindes leichter anzulegen sind. Für diese „Aussteiger" hat sich die Anschaffung des alternativen Systems finanziell leider nicht gelohnt.

Grundausstattung für das Kinderzimmer

Das Baby will vor allem nicht alleine sein

Es kommt gar nicht darauf an, das Neugeborene gleich mit einem komplett ausgestatteten Kinderzimmer zu begrüßen. In den ersten Monaten ist für das Baby das Wichtigste, nicht allein zu sein und die Eltern in unmittelbarer Nähe zu wissen. Zunächst reichen also ein Schlafplätzchen, eine Wickelmöglichkeit und eine geschützte Ecke in Ihrer Nähe, wo sich das Baby aufhalten kann, wenn es nicht schläft.

Das Babybett

Der Schlafplatz sollte flach und nicht zu weich sein. Ein Kopfkissen braucht das Baby noch nicht. Anfangs reicht zum Beispiel die Tragetasche vom Kinderwagen. Eine Wiege oder ein Stubenwagen ist ein kuscheliges Plätzchen für das Neugeborene. Durch die hohen Seitenwände sind die Säuglinge vor Zugluft geschützt. Schaukelwiegen und Federwiegen, die an der Decke befestigt werden, können durch die rhythmische Bewegung auf das Baby beruhigend wirken. Ein Stubenwagen kann bequem überall hingefahren werden. Allerdings sind Wiegen „Kurzzeitmöbel“; schon nach ungefähr vier Monaten ist das Baby herausgewachsen. Vielleicht können Sie im Bekanntenkreis solch ein kleines Bettchen leihen. Oder Sie erkundigen sich bei Ihrem lokal ansässigen Windeldienst oder einem Babyausstatter, ob Wiegen gemietet werden können.

Spätestens wenn der Stubenwagen oder die Wiege ausgedient hat, benötigen Sie ein Kinderbett. Achten Sie dabei auf einen guten Lattenrost. Kinderbetten, bei denen sich die Gitterstäbe durch Seitenteile ersetzen lassen, können bei einer Größe von 140 cm x 70 cm bis zum siebten Lebensjahr halten. Das Bett wie auch alle anderen Möbel sollten das GS-Zeichen für geprüfte Sicherheit tragen. Damit man sich nicht so tief bücken muss, sollte der Lattenrost in der Höhe verstellbar sein. Die einzelnen Gitterstäbe sollten einen Abstand von 45 bis 65 mm voneinander haben. Bei zu eng stehenden Stäben besteht die Gefahr des Einklemmens, bei zu weit auseinder stehenden Gitterstäben kann ein Kind seinen Kopf hindurch stecken, unter Umständen aber nicht mehr zurück ziehen. Die Matratze zum Babybett sollte nicht zu weich sein und möglichst mit waschbarem Bezug versehen. Einen Matratzentest finden Sie im ÖKO-TEST-Sonderheft „Kinder" 5/2003.

Hinzu kommen eine waschbare Einziehdecke, Schlafsack und Bettwäsche und eventuell ein Babylammfell als Unterlage im Bett und im Kinderwagen. Das schafft ein ideales Klima und Geborgenheit.

GS-Zeichen „Geprüfte Sicherheit"

Dieses Prüfzeichen steht für geprüfte, technische Sicherheit. Das bedeutet, dass alle wichtigen Sicherheitsaspekte geprüft wurden. Dazu gehören die mechanische, elektrische und chemische Sicherheit. Neben dem Zeichen wird die entsprechende Prüfstelle (z. B. TÜV-Rheinland) genannt.

Babyfon

Je nach Größe und Aufteilung der Wohnung benötigen Sie eine Funksprechanlage, auch Babyfon genannt, damit Sie gleich hören können, ob Ihr Kind in seinem Zimmer weint.

Von Babyfonen, die als Netzgeräte konzipiert sind, gehen elektrische und magnetische Felder aus. Geräte, die mit Funkwellen arbeiten (Geräte mit Antenne), erzeugen zusätzlich noch hochfrequente Felder. Auf keinen Fall sollten die Geräte direkt in das Bettchen gelegt werden. Halten Sie sicherheitshalber anderthalb bis zwei Meter Abstand ein. Die Geräte sind empfindlich genug, dass auch über diese Entfernung Geräusche übertragen werden. Informieren Sie sich vor einem Kauf über aktuelle Messergebnisse in den Heften der Stiftung Warentest oder ÖKO-TEST.

Wickelbereich

Zum Wickeln eignet sich jede flache Fläche, von der das Kind nicht herunter fallen kann. Um den eigenen Rücken zu schonen ist ein Wickeltisch oder eine Kommode ideal, die 85 bis 100 Zentimeter hoch ist. Die Wickelfläche sollte mindestens 100 cm x 70 cm groß sein und seitliche Sicherheitskanten haben.

Lassen Sie Ihr Kind aber niemals unbeaufsichtigt auf dem Wickeltisch liegen, denn oft bewegt es sich schneller von der Stelle, als Sie es sich vorstellen können. Deshalb sollten Sie alle Wickelutensilien in Reichweite aufbewahren. Wenn der Wickelplatz sich im Badezimmer befinden soll, kann eine Kombination aus Wickeltisch und Badewanne sinnvoll sein. Achten Sie aber darauf, dass das Gestell belastbar und kippsicher ist.

Wärme über dem Wickelplatz spenden spezielle Heizlampen, die – in ausreichendem Abstand über dem Wickelplatz angebracht – in Sekundenschnelle für wohlige Temperaturen sorgen.

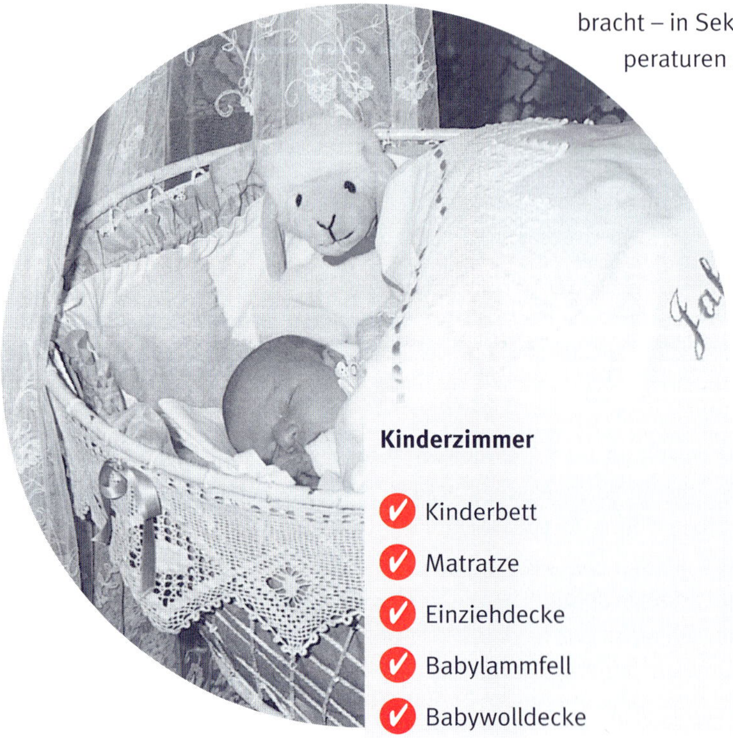

Alles bereit für das Baby?

check

Kinderzimmer

- ✔ Kinderbett
- ✔ Matratze
- ✔ Einziehdecke
- ✔ Babylammfell
- ✔ Babywolldecke
- ✔ 3 Spannbettücher
- ✔ 2 Bettwäschegarnituren
- ✔ 2 Matratzenauflagen
- ✔ eventuell ein Nestchen, damit sich das Kind nicht den Kopf stößt (gibt dem Kind Geborgenheit)
- ✔ 2 Schlafsäcke (je nach Saison Baumwolle oder Gemisch aus Baumwolle und Wolle)
- ✔ 4 Stoffwindeln statt Kopfkissen
- ✔ eventuell Babyfon
- ✔ Wickelkommode oder -tisch
- ✔ Wickelunterlage
- ✔ eventuell Heizlampe

Mit dem Baby unterwegs

Wenn Sie häufig unterwegs sind, brauchen Sie neben Kinderwagen und Autositz beim Transport mit dem PKW eine Tasche (das muss nicht unbedingt eine „Wickeltasche“ sein) und eventuell ein Reisebettchen oder auch ein Babytragetuch.

Kinderwagen

Das wichtigste Transportmittel für die ersten Lebensjahre ist der Kinderwagen. Ein Kombi-Kinderwagen mit den Funktionen Kinderwagen, Tragetasche und Sportwagen kostet ohne Extras leicht 500 Euro. Einfachere Modelle gibt es für die Hälfte. Ein Buggy kostet ohne Zubehör zwischen 50 und 200 Euro. Hinzu kommen Extras wie Einkaufsnetz, Sonnenschirm oder -verdeck, Regenschutz, Winter- und Sommerfußsack. Vielleicht finden Sie auch im Bekanntenkreis oder in einem Secondhandshop den richtigen Kinderwagen für Ihre Bedürfnisse.

Unterschiedliche Bedürfnisse, um mit dem Nachwuchs mobil zu sein

check

Wahl eines Kinderwagens

- ✓ Für den Rücken des Kindes sollte der Wagen gut gefedert sein. Daran fehlt es den Buggys und modischen dreirädrigen „Joggern“ häufig, weil das Baby dort nur in einem Stoffgestell liegt. Diese Kinderwagen sind ausgesprochene Spezialisten, der eine für Stadt oder Reisen, der andere für Waldweg und Strand.
- ✓ Für die Rücken der Eltern sollten die Griffe hoch genug angebracht oder verstellbar sein. Beim Kauf sollten also Mutter und Vater probeschieben, damit später nicht der Größere der beiden immer halb neben dem Kinderwagen laufen muss, weil die Beine zu lang sind und beim Laufen gegen das Untergestell stoßen.
- ✓ Je höher der Kinderwagen über der Straße liegt, desto weniger Abgase muss das Baby einatmen.

check

Welche Funktionen eines Kinderwagens sind Ihnen wichtig?

- ✓ Achten Sie beim Kauf auf ein stabiles, kippsicheres Gestell (breiter Radstand) und auf beidseitige Bremsen. Eine extra Handbremse ist nicht erforderlich.
- ✓ Benutzen Sie häufig öffentliche Verkehrsmittel? Dann darf der Kinderwagen nicht breiter als 58 Zentimeter sein.
- ✓ Muss der Kinderwagen zusammengeklappt in den Kofferraum eines Autos passen? Probieren Sie dies aus, damit Sie keine unangenehmen Überraschungen erleben, weil dies sehr umständlich ist oder vielleicht sogar nicht einmal passt.
- ✓ Werden Sie den Kinderwagen auch zur Erledigung von Einkäufen benutzen? Dann benötigen Sie einen großen Ablagekorb.
- ✓ Wünschen Sie einen Kinderwagen mit herausnehmbarer Babytasche?
- ✓ Soll der Kinderwagen in einen Sportwagen umzubauen sein, oder werden Sie später ohnehin einen handlicheren Buggy kaufen, den man auch auf Reisen besser transportieren kann?
- ✓ Müssen Sie den Kinderwagen Treppen hinauftragen? Dann achten Sie auf das Gesamtgewicht. Oder wählen Sie ein Modell, bei dem man den Aufsatz leicht vom Fahrgestell trennen kann.
- ✓ Praktisch ist ein Schwenkschieber, mit dem durch Umklappen des Schiebebügels die Sitzrichtung geändert werden kann.

Probieren Sie im Geschäft alle Funktionen selbst aus und machen Sie eine kleine „Probefahrt". Informieren Sie sich außerdem über die Ergebnisse der Stiftung Warentest.

Übrigens: Der Vermieter darf das Abstellen des Kinderwagens im Hausflur nur verbieten, wenn das im Mietvertrag oder in der Hausordnung vorgesehen ist und die Mieterin eine andere zumutbare Abstellmöglichkeit hat oder Rettungswege blockiert werden.

Tragetücher

Lassen Sie sich den Gebrauch gut erklären

Für kurze Strecken können auch Tragetücher oder Tragesitzsysteme eine gute Alternative sein. Viele Kinder fühlen sich sehr wohl wegen des Körperkontakts, die Eltern haben die Hände frei und keine Probleme mit Treppen oder Menschenmengen. Eine gute Tragehilfe kann auch dazu beitragen, dass sich das Hüftgelenk des Säuglings gesund entwickelt. Wichtig: Unbedingt die Handhabung gut erklären lassen und unter Anleitung das Anlegen ausprobieren. Am besten bei Bekannten oder im Geschäft erst mal ausleihen und ausprobieren. Einen Test für Tragehilfen finden Sie im ÖKO-TEST-Sonderheft „Kinder" 5/2003.

Autositze

Beachten Sie unbedingt die Einbauhinweise

Für die Fahrt mit dem Auto gibt es unterschiedliche Kindersitze und Haltesysteme. Für die ganz Kleinen gibt es Babysitze, in denen das Kind mit dem Rücken zur Fahrtrichtung auf einen der Sitze geschnallt wird. Diese Vorrichtungen können Sie bis zum neunten Monat (Gruppe 0) bzw. das erste Jahr (Gruppe 0+) benutzen, aber dann sollten Sie sich einen Kindersitz der Gruppe I (9 bis 18 Kilogramm) zulegen.

Auch bei den Autositzen gibt es eine Fülle von Modellen. Informieren Sie sich vor dem Kauf über die aktuellen Ergebnisse der Stiftung Warentest, die diese Sitze regelmäßig testet. Bei Autos mit Airbag müssen Sie unbedingt die Hinweise des Herstellers zum Einbau von Kindersitzen beachten.

Woran noch zu denken ist

Vieles ändert sich und muss im Alltag neu organisiert werden, wenn der neue Erdenbürger zu Hause eingetroffen ist. Möglicherweise klappt es nicht so recht mit dem Stillen, das Baby hält Sie nachts wach und will versorgt werden, die Eltern sind erschöpft. Und dann sind auch noch leidige Behördengänge und Formalitäten zu erledigen. An was müssen Sie alles denken? Wann müssen Anträge gestellt, Informationen und Anmeldungen erfolgt sein, damit Ihnen Wichtiges nicht entgeht?

Die U2

Die U2 soll am fünften oder sechsten Lebenstag durchgeführt werden. Wenn Sie im Krankenhaus entbunden haben, wird sie meist noch dort vorgenommen. Falls Sie sich für eine Hausgeburt oder ambulante Entbindung entschieden haben, müssen Sie dazu einen Kinderarzt oder eine Kinderärztin aufsuchen. Bei dieser Basis-Untersuchung wird Ihr Kind von Kopf bis Fuß untersucht, unter anderem wird ein Blutstropfen aus der Ferse für den sogenannten Guthrie-Test entnommen. Damit können Stoffwechselstörungen im Frühstadium erkannt werden, die zu diesem Zeitpunkt ohne Folgen bleiben, wenn sie sofort behandelt werden.

Anmeldung beim Standesamt

Falls das Kind nicht direkt von der Klinik angemeldet wird – was meist geschieht – oder bei Hausgeburten müssten Sie die Anmeldung beim Standesamt innerhalb einer Woche nach der Entbindung erledigen. Zuständig ist das Amt am Geburtsort des Kindes, eventuell also ein anderes als am Wohnort der Eltern. Einige Kommunen melden das Kind dann zum Wohnort weiter, in anderen müssen sich die Eltern darum kümmern. Erkundigen Sie sich also besser bei der jeweiligen Kommune. Die Anmeldung ist unter anderem auch wichtig für den Bezug von Sozialhilfe oder Wohngeld, da es auf die im Haushalt gemeldeten Personen ankommt.

Was Sie zur Anmeldung mitbringen müssen

Mitzubringen ist eine Geburtsbescheinigung der Klinik oder der Hebamme sowie bei Eheleuten außerdem das Familienbuch und – sofern nicht darin enthalten – die Heiratsurkunde. Falls die Mutter noch nicht zum Amt gehen kann, kann sie auch jemanden bevollmächtigen. Neben der Vollmacht sollte diese Person dann auch den Personalausweis der Mutter mitnehmen.

Eintrag in der Steuerkarte

Damit Sie die Steuervorteile durch die Geburt möglichst bald nutzen können und nicht bis zum Jahresausgleich warten müssen, sollten Sie das Kind umgehend in die Steuerkarte eingetragen lassen. Zuständig dafür ist das Einwohnermeldeamt. Zu diesem Zweck müssen Sie sich die Steuerkarte beim Arbeitgeber ausleihen.

Sorgerecht

Während verheiratete Paare automatisch das gemeinsame Sorgerecht für das Kind haben, müssen nicht verheiratete Eltern dies erst beantragen.

Erklärungen beim Jugendamt sind kostenlos

Sie müssen dazu bei einem Notar oder beim Jugendamt (kostenlos!) eine entsprechende Erklärung abgeben. Das geht bereits vor der Geburt. Nicht erforderlich ist, dass die Eltern zusammenwohnen. Geben sie keine Erklärung ab, bleibt die Mutter allein sorgeberechtigt.

Bei Alleinerziehenden übernimmt das Jugendamt nicht mehr automatisch wie früher eine so genannte Amtspflegschaft, sondern hilft lediglich auf Antrag im Rahmen einer „Beistandschaft“ bei der Vaterschaftsfeststellung und bei der Geltendmachung des Unterhalts.

Auswirkung auf Sozialhilfe und Wohngeld

Getrennt lebende Paare, die das gemeinsame Sorgerecht ausüben möchten und Sozialhilfe beziehen, sollten beachten, dass der Zuschlag für Alleinerziehende entfällt, wenn sich beide Eltern tatsächlich gleichwertig um das Kind kümmern.

Beim Wohngeld kann das Kind bei beiden Eltern zu einer erhöhten Leistung führen, wenn der Bedarf nachgewiesen wird, das Kind also tatsächlich in beiden Wohnungen regelmäßig anwesend ist. In diesem Fall kann auch ein Wohnberechtigungsschein für eine entsprechend größere Wohnung begründet werden.

Beim Finanzamt kann der Haushaltsfreibetrag für Alleinerziehende (für 2004: 1 308 Euro, ››› Seite 171) durch den Elternteil geltend gemacht werden, bei dem das Kind gemeldet ist. Wenn dies bei beiden Elternteilen der Fall ist, kann nur die Mutter oder mit ihrer Zustimmung der Vater alleine den Freibetrag nutzen. Sind zwei Kinder vorhanden und bei jedem Elternteil ist nur eines angemeldet, können beide den Freibetrag erhalten.

Sozialhilfe

Sozialhilfe (››› Seite 172 f.) gibt es grundsätzlich erst dann, nachdem das Sozialamt über die Bedürftigkeit informiert wurde.

Wohngeld

Wenn Sie aufgrund der Geburt Anspruch auf Wohngeld (››› Seite 176) oder entsprechende erhöhte Zahlungen haben, sollten Sie sich umgehend mit Ihrem Wohnungsamt in Verbindung setzen, am besten noch vor der Geburt Ihres Kindes, denn es wird nicht rückwirkend gezahlt.

Unterhaltszahlungen

Falls der mutmaßliche Vater die Vaterschaft nicht anerkennt, muss die Mutter beim Familiengericht Klage gegen ihn erheben. Wenn sie nicht selbst klagen möchte, kann sie beim Jugendamt Beistandschaft beantragen. Das hat zudem den Vorteil, dass das Verfahren für die Mutter nicht kostenpflichtig ist und sie als Zeugin auftreten kann.

Unterhaltsvorschuss schriftlich beantragen

Zahlt der Vater des Kindes keinen oder nur teilweise Unterhalt, beantragen Sie umgehend beim Jugendamt einen Unterhaltsvorschuss. Die Höhe des Vorschusses ergibt sich aus dem Mindestsatz der Düsseldorfer bzw. der Berliner Tabelle (››› Seite 174 f.), von dem die Hälfte des Kindergeldes abgezogen wird. Seit dem 1.7.2003 beträgt er 122 bzw. 106 Euro.

Kindergeld

Wer ab der Geburt Kindergeld (››› Seite 170) beziehen möchte, muss spätestens bis zum sechsten Lebensmonat einen schriftlichen Antrag an die Kindergeldkasse des Arbeitsamtes richten.

Erziehungsgeld

Den Antrag für das Erziehungsgeld (››› Seite 154 ff.) im ersten Lebensjahr können Sie gleich nach der Geburt stellen: Rückwirkend wird Erziehungsgeld nur für sechs Monate gezahlt.

Information des Arbeitgebers

Der Arbeitgeber sollte von der Geburt in Kenntnis gesetzt werden, damit er bezüglich Entlohnung und Arbeitsplatz disponieren kann. Denken Sie auch daran, dass Sie Ihren Arbeitgeber rechtzeitig schriftlich darüber informieren, wie Sie die Elternzeit in den ersten zwei Jahren nutzen wollen: Mütter, die Elternzeit bzw. eine Arbeitszeitverringerung direkt an die Mutterschutzfrist anschließen wollen, müssen dies sechs Wochen vor ihrem Ablauf mitteilen. Wenn Väter direkt ab der Geburt zu Hause bleiben wollen, müssen sie dies allerdings schon sechs Wochen vor dem Geburtstermin ankündigen.

Mitversicherung des Kindes bei der Krankenkasse

Rasche Anmeldung bei der privaten Kasse, damit ein krankes Kind nicht abgelehnt werden kann

Bei der gesetzlichen Krankenkasse „soll" das neue Familienmitglied angemeldet werden; eine Frist gibt es nicht. Bei den privaten Krankenkassen müssen Sie aufpassen: Innerhalb von zwei Monaten muss das Kind angemeldet sein. Dann gilt dies auch rückwirkend und es besteht kein Ablehnungsrecht für die Kassen.

Sind beide Eltern gesetzlich versichert, hat das Kind Anspruch auf kostenlose Mitversicherung im Rahmen der Familienversicherung.

Wenn beide Partner privat krankenversichert sind, kann das Kind ebenfalls privat versichert werden (circa 75 Euro, Pflegeversicherung beitragsfrei enthalten). Aktuelle Beitragsvergleiche finden Sie regelmäßig in „Finanztest".

Schwieriger wird es, wenn ein Elternteil privat und der andere gesetzlich versichert ist. Zur Klärung der Frage, ob das Kind kostenlos in der gesetzlichen Krankenkasse familienversichert werden kann oder kostenpflichtig privat versichert werden muss, kommt es auf die Einkommensverhältnisse an:

- Verdient der Privatversicherte weniger als 1/12 der Beitragsbemessungsgrenze (für das Jahr 2004 monatlich also weniger als 3 487,50 Euro; dieser Betrag wird jährlich angepasst), dann kann das Kind in der gesetzlichen Kasse mitversichert werden.
- Liegt das Einkommen des Privatversicherten darüber und verdient der Gesetzlichversicherte weniger als er, dann muss das Kind privat versichert werden.

tipp

Sonstige Versicherungen?

Lassen Sie sich keinesfalls übereilt von Vertretern zu Haftpflicht- oder Ausbildungsversicherungen überreden. Für den Abschluss solcher Versicherungen bleibt, sofern sie überhaupt empfehlenswert sind, noch Zeit. Informationen rund um das Thema Versicherungen finden Sie im Ratgeber der Verbraucherzentralen „Richtig versichert, viel Geld gespart".

- Bezieht der Gesetzlichversicherte das höhere Einkommen kann das Kind bei ihm familienversichert werden.

Anmeldung für Kinderkrippe, Kindergarten oder sonstige Fördergruppen

Insbesondere berufstätige Eltern fürchten, keine Betreuung während der benötigten Zeiten für ihr Kind haben. Ein Rechtsanspruch auf einen Kindergartenplatz besteht erst, wenn das Kind drei Jahre alt ist. Und der angebotene Platz muss nicht in Ihrer unmittelbaren Nähe liegen. Wenn das Kind gar nach dem für die Aufnahme relevanten Stichtag geboren wurde, kann dies zu einer Verzögerung um ein Jahr führen. Erkundigen Sie sich, ob Sie Ihr Kind schon jetzt anmelden müssen. Berücksichtigen Sie dies vor allem, wenn Sie sehr früh einen Betreuungsplatz brauchen oder bei speziellen Frühförderungsangeboten (PEKiP, Babyschwimmen, -turnen oder -massage).

Erwerbsleben und Schwangerschaft

5

Mehr als die Hälfte der werdenden Mütter in Deutschland sind berufstätig. Zu ihrem Schutz während der Schwangerschaft und den ersten Wochen nach der Geburt existieren zahlreiche Regelungen, die im Wesentlichen im so genannten Mutterschutzgesetz festgelegt sind. Nach der Geburt bzw. nach den Mutterschutzfristen können Väter und Mütter die Elternzeit nutzen, um Erwerbsleben und Erziehung des Kindes in Einklang zu bringen.

Das Mutterschutzgesetz

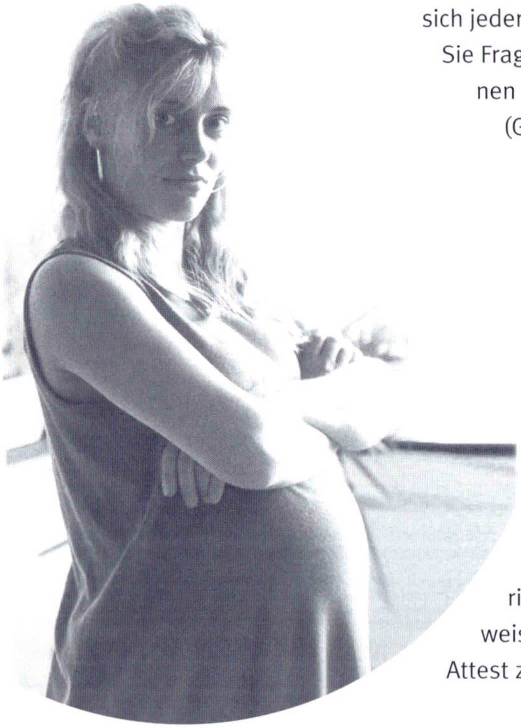

Das Mutterschutzgesetz regelt wichtige Bereiche wie Kündigungsschutz, Arbeitsbelastungen und Lohnfortzahlungen. In Betrieben mit mehr als drei Mitarbeiterinnen muss das Gesetz ausliegen, damit Sie sich jederzeit über Details des Gesetzes informieren können. Wenn Sie Fragen zur Anwendung des Mutterschutzgesetzes haben, können Sie sich an die zuständigen Behörden Ihres Bundeslandes (Gewerbeaufsichtsämter oder staatliche Arbeitsschutzämter) wenden.

Information des Arbeitgebers

Nach dem Mutterschutzgesetz sind Frauen verpflichtet, ihren Arbeitgeber auf eine bestehende Schwangerschaft hinzuweisen. Sie müssen ihn aber nicht gleich nach dem ersten Arztbesuch informieren, sondern können dies – ohne rechtliche Nachteile befürchten zu müssen – jederzeit nachholen. Genügt ihm Ihre Benachrichtigung nicht, sondern wünscht er ausdrücklich den Nachweis eines Arztes, so hat er eventuell anfallende Kosten für ein Attest zu tragen.

Der Arbeitgeber muss dann unverzüglich die zuständige Aufsichtsbehörde über die Schwangerschaft unterrichten, damit jederzeit überprüft werden kann, ob bestehende Schutzvorschriften in dem Betrieb eingehalten werden.

Weiteren Personen darf der Arbeitgeber die Schwangerschaft nur mitteilen, wenn sie für die Einteilung der Arbeit zuständig sind.

Sonderfall: Bewerbungen
Muss eine Frau eine bestehende Schwangerschaft bei einer Bewerbung angeben? Zu dieser Frage hat es in den letzten Jahren immer wieder Gerichtsprozesse gegeben. Da eine Schwangerschaft jedoch grundsätzlich kein Kündigungsgrund sein darf, kann sie auch nicht Kriterium für die Einstellung sein. Bei Fragen nach einer bestehenden oder geplanten Schwangerschaft müssen Sie daher in einem Bewerbungsgespräch nicht antworten. Sie dürfen sogar die Unwahrheit sagen, da die Nichtbeantwortung einer solchen Frage Schlüsse zulassen würde.

Eine Ausnahme gilt nur dann, wenn der Arbeitgeber im Bewerbungsgespräch ausdrücklich darauf hinweist, dass der Arbeitsplatz für werdende Mütter verboten sei, da er erhebliche Gefahren für Mutter und Kind birgt. Dies kann zum Beispiel für bestimmte Laborarbeitsplätze gelten.

Übrigens, nach unserer Auffassung ist es genauso unzulässig, wenn ein Mann bei einem Einstellungsgespräch gefragt wird, ob seine Frau schwanger ist oder ob er den Wunsch hat, selber die Elternzeit zu nutzen.

Fragen nach Schwangerschaft und Kinderwunsch meist unzulässig

Kündigungsschutz

Werdende Mütter müssen nicht um ihren Arbeitsplatz fürchten: Vom Beginn einer Schwangerschaft bis vier Monate nach der Entbindung darf der Arbeitgeber Ihnen in der Regel nicht kündigen.

Kündigungsschutz kann Ihnen natürlich nur gewährt werden, wenn dem Arbeitgeber die Schwangerschaft bekannt ist. Daher müssen Sie ihm dies spätestens zwei Wochen nach erfolgter Kündigung mitteilen. Wer diese Frist – schuldlos – versäumt, etwa weil die Schwangerschaft noch gar nicht bekannt war, kann dies auch später nachholen. Entscheidend ist, dass Sie bei Zugang der Kündigung bereits schwanger waren. Unzulässig sind in der Schwangerschaft auch Änderungskündigungen wie Versetzungen in einen anderen Betrieb oder auf einen anderen Arbeitsplatz.

Voraussetzung für den Schutz: das Arbeitsverhältnis
Kündigungsschutz besteht nur, wenn ein Arbeitsverhältnis vorliegt. Ohne Belang ist, ob es sich um eine Voll- oder Teilzeitstelle handelt oder ob das Arbeitsverhältnis sozialversicherungspflichtig ist. Der Kündigungsschutz gilt auch für Auszubildende, für Studentinnen bei vorgeschriebenem Praktikum, für Heimarbeiterinnen und Hausangestellte sowie für werdende Mütter, die sich in der Probezeit befinden, wenn das Arbeitsverhältnis unbefristet ist.

Aber: Ein befristetes Arbeitsverhältnis endet unabhängig vom Kündigungsschutz mit dem im Arbeitsvertrag vorgesehen Termin. Handelt es sich allerdings um ein befristetes Probearbeitsverhältnis, darf Ihnen nach Ablauf der Probezeit nicht gekündigt werden, wenn die Kündigungsgründe in der Schwangerschaft liegen sollten.

Lassen Sie sich bei vermuteter Scheinselbstständigkeit kompetent beraten

Ob ein Arbeitsverhältnis besteht oder nicht, entscheidet sich nicht nur nach dem bestehenden Vertrag. Wenn Sie beispielsweise mit einem Arbeitgeber einen Werkvertrag abgeschlossen haben, sodass es den Anschein hat, dass Sie als Selbstständige arbeiten, kommt es auf die tatsächlichen Umstände an. Wer für sich eine Scheinselbstständigkeit vermutet, sollte sich von seiner Krankenkasse, der zuständigen Gewerkschaft oder von einem Rechtsanwalt (möglichst Fachanwalt für Arbeitsrecht) beraten lassen.

Für Beamtinnen und Richterinnen gelten, angepasst an die Besonderheiten des öffentlichen Dienstes, ähnliche Regelungen zum Schutze werdender Mütter.

Einspruch bei Kündigung

Holen Sie sich Unterstützung beim Betriebsrat oder der zuständigen Gewerkschaft

Bei einer verbotswidrigen Kündigung sollten Sie unverzüglich schriftlich Einspruch einlegen und Ihren Arbeitgeber auffordern, die Kündigung sofort zurückzunehmen. Sie sollten dabei ausdrücklich erklären, dass Sie bereit sind weiterzuarbeiten. Wenden Sie sich auch an die zuständige Aufsichtsbehörde. Nimmt der Arbeitgeber die Kündigung nicht zurück, können Sie beim Arbeitsgericht Klage erheben.

Obwohl es bei den Arbeitsgerichten nicht vorgeschrieben ist, sich durch einen Anwalt vertreten zu lassen, sollten Sie juristischen Rat einzuholen, bevor Sie Klage einreichen. Grundsätzlich trägt bei derartigen Prozessen jeder die eigenen Anwaltskosten; Gerichtskosten entstehen nicht. Wenn der Arbeitgeber den Prozess verliert, muss er den gesamten Lohn für die vergangene Zeit nachzahlen.

Wenn Sie dagegen eine von der Aufsichtsbehörde genehmigte Kündigung nicht akzeptieren wollen, findet ein Gerichtsverfahren beim Verwaltungsgericht statt (››› Seite 150).

Wann Kündigung möglich ist

Nur mit Genehmigung der Aufsichtsbehörde

Ausnahmsweise ist eine Kündigung in der Schwangerschaft möglich: wenn der Betrieb in Konkurs geht und auch kein Wechsel in einen anderen Betriebsteil möglich ist. Oder bei schweren Pflichtverletzungen der Arbeitnehmerin, etwa bei einem Diebstahl. Aber selbst in diesen Fällen muss der Arbeitgeber zunächst die Genehmigung der Aufsichtsbehörde des jeweiligen Bundeslandes einholen.

Das Kündigungsverbot gilt im Übrigen nur einseitig für den Arbeitgeber. Sie können jederzeit kündigen. Bedenken Sie aber, dass bei einer Eigenkündigung wie auch bei grundsätzlich zulässigen Aufhebungsverträgen zum einen Sperrfristen beim Arbeitslosengeld bestehen, zum anderen gegen den Arbeitgeber keine Ansprüche auf Zuschüsse zum Mutterschaftsgeld (››› Seite 136 ff.) mehr bestehen. Und manchmal kann sich Ihre persönliche Situation kurzfristig so verändern, dass Sie auf Ihre Arbeitsstelle angewiesen sind.

Einvernehmliche Auflösung des Arbeitsvertrags

Manchmal versuchen Arbeitgeber Schwangere zur Aufhebung des Arbeitsverhältnisses im gegenseitigen Einvernehmen zu veranlassen. Sie sollten das aber sehr gut überlegen, selbst wenn Ihnen eine Abfindung angeboten wird, denn oft wiegt diese den Nachteil nicht auf. Lassen Sie sich beraten.

Sollten Sie Ihre Arbeitstelle aufgeben, aber innerhalb eines Jahres nach der Entbindung wieder in Ihrem alten Betrieb eingestellt werden, so gilt Ihr Arbeitsverhältnis hinsichtlich der Betriebs- und Berufszugehörigkeit als nicht unterbrochen. Diese Regelung kann sich günstig auswirken für die Dauer der Lohnfortzahlung im Krankheitsfall, für Kündigungsschutzvorschriften, die Höhe Ihres Lohnes oder Gehalts sowie Leistungen der betrieblichen Altersversorgung. Allerdings entfallen derartige Vorteile, wenn Sie zwischenzeitlich bei einem anderen Arbeitgeber gearbeitet haben.

Mutterschutz am Arbeitsplatz

Grundsätzlich muss der Arbeitgeber alle erforderlichen Maßnahmen zum Schutz von Leben und Gesundheit werdender bzw. stillender Mütter treffen.

Wenn Sie bei der Arbeit ständig stehen oder gehen müssen, haben Sie ein Anrecht auf eine Sitzgelegenheit zum Ausruhen. Bei ständig sitzender Tätigkeit müssen kurze Unterbrechungen der Arbeit gewährleistet sind. Während der Pausen – und falls aus gesundheitlichen Gründen erforderlich, auch während der Arbeitszeit – muss die Möglichkeit bestehen, in einem geeigneten Raum auf einer Liege auszuruhen.

Beschäftigungsverbote sollen Ihr Einkommen nicht schmälern

Darüber hinaus sind eine Reihe von Tätigkeiten für werdende Mütter und auch für stillende Frauen verboten. Daraus dürfen Ihnen aber keine Gehaltseinbußen entstehen. Und wenn Sie aufgrund von Beschäftigungsverboten vor und nach der Geburt nicht arbeiten können, wird Ihr Urlaubsanspruch dadurch nicht gemindert. Diese Freistellungszeiten dürfen auch nicht mit Ihrem Urlaub verrechnet werden.

Beschäftigungsverbote

... für Schwangere und Stillende

- schwere körperliche Arbeiten und schädliche Einwirkungen von gesundheitsgefährdenden Stoffen oder Strahlen, von Staub, Gasen oder Dämpfen, von Hitze, Kälte oder Nässe, von Erschütterungen oder Lärm
- Heben (oder sonstige Beförderung) von Lasten von mehr als 5 Kilogramm (regelmäßig) oder von mehr als 10 Kilogramm (gelegentlich) ohne mechanische Hilfsmittel
- Arbeiten, bei denen man sich häufig erheblich strecken oder beugen oder dauernd hocken oder sich gebückt halten muss

- an Geräten und Maschinen mit hoher Fußbeanspruchung (insbesondere mit Fußantrieb)
- bei besonderer Gefährdung durch Berufskrankheit für die werdende Mutter oder den Embryo
- bei erhöhten Unfallgefahren
- Schälen von Holz
- Akkordarbeit u. Ä.
- Fließ(band)arbeit mit vorgeschriebenem Arbeitstempo (hiervon kann die Aufsichtsbehörde aber Ausnahmen bewilligen)
- Nachtarbeit (zwischen 20.00 Uhr und 6.00 Uhr) und an Sonn- und Feiertagen
  (Ausnahmen in den ersten vier Schwangerschaftsmonaten sowie für stillende Mütter möglich für bestimmte Beschäftigungsbereiche – etwa im Gaststätten- und Hotelgewerbe, in der Krankenpflege und Landwirtschaft, für Künstlerinnen und im Familienhaushalt)
- Mehrarbeit – maximal erlaubt: 8,5 Stunden am Tag oder 90 Stunden je Doppelwoche (für Frauen unter 18 Jahren: 8 Stunden täglich bzw. 80 Stunden pro Doppelwoche)

Medizinische Gründe können zu einem weiteren (individuellen) Beschäftigungsverbot führen

... für Schwangere

- nach Ablauf des 3. Monats der Schwangerschaft:
  Arbeit auf Beförderungsmitteln
- nach Ablauf des 5. Monats der Schwangerschaft: Arbeiten im Stehen (ständig), soweit diese Beschäftigung täglich vier Stunden überschreitet
- in den letzten sechs Wochen vor der Entbindung
  (Darauf können Schwangere auf eigenen Wunsch verzichten.)

Sechs-Wochen-Frist vor der Geburt

Ab sechs Wochen vor dem errechneten Geburtstermin müssen Schwangere nicht mehr arbeiten. Auf eigenen Wunsch können Sie jedoch darauf verzichten, weil Sie zum Beispiel noch ein wichtiges Projekt beenden wollen. Sie können dies jedoch jederzeit widerrufen. Finanziell lohnt sich in der Regel nicht, in dieser Frist zu arbeiten, da während dieser Zeit oft Mutterschutzlohn (››› Seite 135) bezogen werden kann.

tipp

Bevor Sie in der Schutzfrist Ihre Arbeit fortsetzen, sollten Sie sich mit Ihrem Arzt oder Ihrer Ärztin beraten, ob medizinische Gründe dagegen sprechen.

Schutzfristen nach der Geburt

Anders als die vorgeburtliche Sechs-Wochen-Frist gelten die Schutzfristen nach der Entbindung absolut. Mütter dürfen in dieser Zeit keinesfalls beschäftigt werden, selbst wenn sie dazu bereit sein sollten.

In dieser Zeit dürfenSie nicht arbeiten – auch wenn Sie es möchten

- Im **Normalfall**: acht Wochen nach der Entbindung
- Nach **Mehrlingsgeburten**: zwölf Wochen nach der Entbindung
- Nach **Frühgeburten**: zwölf Wochen nach der Entbindung
- Bei **Geburten vor dem errechneten Termin** – auch wenn es sich nicht um eine Frühgeburt im medizinischen Sinne handelt – verlängert sich die Schutzfrist: Tage, die vor der Geburt nicht in Anspruch genommen werden konnten oder wollten, werden nach der Entbindung „angehängt“.

Im tragischen Fall des Todes des Kindes – ob Totgeburt oder Tod nach der Geburt – darf eine Frau in den ersten zwei Wochen nach der Entbindung nicht arbeiten. Sie kann jedoch auf ihr ausdrückliches Verlangen hin schon vor Ablauf der genannten Fristen wieder beschäftigt werden, soweit nach ärztlichem Zeugnis nichts dagegen spricht, da die Arbeit ablenken und so den „Boden unter den Füßen“ zurückbringen kann. Diese Entscheidung kann eine Frau jedoch jederzeit widerrufen.

Liegt kein Tot-, sondern eine Fehlgeburt vor, gelten die Schutzfristen des Mutterschutzgesetzes nicht. Soweit deshalb eine Frau aufgrund der mit einer Fehlgeburt verbundenen seelischen und körperlichen Belastungen krankgeschrieben ist, gelten die Vorschriften über die Lohnfortzahlung im Krankheitsfall.

Verminderte Arbeitsfähigkeit nach der Geburt

Die Zeit der Schwangerschaft und nach der Geburt fordert jede einzelne Frau in ihren körperlichen und seelischen Auswirkungen in unterschiedlichem Ausmaß. Sollten Sie sich in den ersten Monaten nach der Entbindung nicht voll leistungsfähig fühlen, kann von Ihrem Arzt ein individuelles (teilweises) Beschäftigungsverbot ausgesprochen werden, wenn ein Zusammenhang mit der Mutterschaft besteht. In dem ärztlichen Zeugnis wird der Grad der geminderten Leistungsfähigkeit, die Art der zulässigen Arbeiten und die Dauer des Beschäftigungsverbots (möglich sind bis zu sechs Monate nach der Geburt) angegeben.

So besteht die Möglichkeit, schrittweise wieder in das Arbeitsleben einzusteigen und die Belastung allmählich zu steigern. Für diese Zeit erhalten Sie Lohnersatzleistungen wie in der Zeit vor der Geburt.

Stillen

Wenn Sie Ihr Kind stillen, ist der Arbeitgeber verpflichtet, Ihnen die zum Stillen erforderliche Zeit freizugeben. Die Mindestzeiten dieser Pausen betragen entweder zweimal täglich eine halbe Stunde oder einmal täglich eine Stunde. Die Stillpausen können auch am Rande der Arbeitszeiten liegen.

Sie haben ein Anrecht auf Stillzeiten!

Müssen Sie mehr als acht Stunden zusammenhängend arbeiten, so können Sie eine Stillzeit von zweimal mindestens 45 Minuten oder – falls in der Nähe Ihrer Arbeitsstätte keine Stillgelegenheit ist – einmal von zumindest 90 Minuten beanspruchen. In Einzelfällen

Wie lange dürfen Sie stillen?

kann die Aufsichtsbehörde Näheres über die Zahl, Lage und Dauer der Stillzeiten festlegen oder auch vorschreiben, dass Stillräume eingerichtet werden. Bei Streitigkeiten über die Stillzeiten können Sie sich an den Betriebsrat oder an diese Behörde wenden.

Freizugeben hat der Arbeitgeber aber immer die zum Stillen erforderliche Zeit. Sie sollen dabei in Ruhe, in einer entspannten Atmosphäre und ohne Druck stillen können. Allerdings darf das nicht dazu führen, dass aufgrund häufiger und ausgedehnter Stillzeiten oder eines längeren Anfahrtsweges überhaupt keine Arbeitsleistung mehr erbracht wird. Belange des Betriebs dürfen nicht außer Acht gelassen werden. So lassen sich Stillzeiten durch zumutbare organisatorische Maßnahmen eingrenzen, indem etwa das Kind an den Arbeitsplatz gebracht oder an andere Stillzeiten gewöhnt wird.

Diese Regelungen gelten natürlich ebenso für Teilzeitbeschäftigte. Kurze Arbeitszeiten können allerdings Stillzeiten vor oder nach der Arbeit nahe legen.

Unterschiedlich haben Gerichte die Frage beantwortet, wie lange eine Mutter diese Rechte in Anspruch nehmen darf: Die Richter gehen aus von einem Jahr bis hin zu der Position „solange die Mutter es will".

Der Verdienst darf wegen der Stillzeiten oder wegen eines Beschäftigungsverbots (››› Seiten 130 ff.) nicht gekürzt werden. Und vor- oder nacharbeiten müssen Sie die Stillzeiten ebenso wenig wie der Arbeitgeber berechtigt ist, diese auf andere Ruhepausen anzurechnen.

Mutterschutzlohn

Wenn Sie in der Schwangerschaft aufgrund eines Beschäftigungsverbots nicht oder nur eingeschränkt arbeiten können, erhalten Sie Mutterschutzlohn, damit Sie keine finanziellen Nachteile erleiden.

Ihr Arbeitgeber muss Ihnen mindestens den Durchschnittsbruttoverdienst der letzten 13 Wochen oder der letzten drei Monate vor Eintritt der Schwangerschaft – je nachdem wie Lohn oder Gehalt abgerechnet werden – als Mutterschutzlohn zahlen. Wurde das Arbeitsverhältnis erst nach Eintritt der Schwangerschaft begonnen, werden die ersten 13 Wochen bzw. drei Monate der neuen Tätigkeit zugrunde gelegt. Zeiten ohne Arbeitsentgelt werden ausgeblendet. Verdiensterhöhungen, die während oder nach diesem Berechnungszeitraum eintreten und nicht nur vorübergehend sind, müssen berücksichtigt werden. Kürzungen in diesem Zeitraum aufgrund von Kurzarbeit, Arbeitsausfällen und unverschuldetem Fehlen bleiben außer Betracht. Auch das Verbot von Akkord- oder Fließbandarbeit, von Mehrarbeit oder von Sonntags- und Nachtarbeit darf nicht zu Einbußen führen.

Der Mutterschutzlohn entspricht Ihrem üblichen Einkommen

Dauerhafte Verdienstkürzungen während oder nach Ablauf des Berechnungszeitraums, die nicht auf mutterschutzrechtlichen Beschäftigungsverboten beruhen, werden jedoch bei der Berechnung von Mutterschutzlohn berücksichtigt. So soll verhindert werden, dass Arbeitnehmerinnen mit Beschäftigungsverbot besser gestellt sind als die ohne Einschränkung Beschäftigten bzw. als die nicht schwangeren Kolleginnen.

Mutterschutzlohn ist steuer- und sozialversicherungspflichtig. Um Mutterschutzlohn zu erhalten, müssen Sie keinen Antrag stellen; dies erfolgt automatisch.

Mutterschutzlohn anstelle des Mutterschaftsgeldes erhalten Sie ebenfalls, wenn Sie auf die sechswöchige Schutzfrist vor der Geburt ganz oder teilweise verzichten.

Mutterschaftsgeld

Mutterschaftsgeld wird während der Mutterschutzfristen vor und nach der Geburt sowie für den Entbindungstag gezahlt. Geregelt ist dies im Mutterschutzgesetz und in der Reichsversicherungsordnung.

Das Mutterschaftsgeld gleicht nicht immer Ihren Einkommensverlust aus

Das Mutterschaftsgeld kann mehr oder weniger hoch ausfallen. Dies hängt insbesondere davon ab, ob Sie gesetzlich oder privat krankenversichert sind, ob Sie eigenständiges Mitglied einer Kasse sind oder ob eine Familienversicherung vorliegt. Zudem ist von erheblicher Bedeutung, ob Sie in einem Arbeitsverhältnis stehen oder nicht, da der Arbeitgeber eventuell einen Zuschuss zu zahlen hat, der das von der Krankenkasse oder vom Bundesversicherungsamt (››› Seite 138, 140) gezahlte Mutterschaftsgeld deutlich übersteigen kann.

Bevor eine Frau Mutterschaftsgeld bekommt, muss zumindest eine der beiden folgenden Voraussetzungen zutreffen:

- Sie muss bei Beginn der vorgeburtlichen Schutzfrist eigenständiges Mitglied (mit Anspruch auf Krankengeld) in einer gesetzlichen Krankenkasse sein. Diese Mitgliedschaft muss bereits zwischen dem 10. und dem 4. Monat vor der Entbindung für zumindest zwölf Wochen bestanden haben (Vorversicherungszeit).

- Sie muss bei Beginn der vorgeburtlichen Schutzfrist in einem Arbeitsverhältnis stehen.

Selbst wenn das Arbeitsverhältnis bei Beginn der Schutzfrist gar nicht mehr besteht, weil der Arbeitgeber es in zulässiger Weise gekündigt hat, bleibt der Anspruch auf Mutterschaftsgeld gegen die Krankenkasse erhalten. Gestückelte Versicherungszeiten gelten, sofern sie sich in dem genannten Zeitraum auf insgesamt zwölf Wochen addieren.

Gruppe 1: Gesetzlich krankenversicherte Frauen, die bei Beginn der vorgeburtlichen Schutzfrist in einem Arbeitsverhältnis stehen
Maßgeblich für die Höhe des Mutterschaftsgeldes ist das Nettoeinkommen. Dabei wird das um die gesetzlichen Abzüge (Lohn-/Kirchensteuer, Beiträge zur Kranken-, Pflege-, Renten-, Arbeitslosenversicherung) verminderte durchschnittliche Arbeitsentgelt der letzten drei abgerechneten Monate (bzw. im Falle wöchentlicher Abrechnung: der letzten 13 Wochen) vor Beginn der Schutzfrist zugrunde gelegt. Unberücksichtigt bleiben sowohl einmalig gezahltes Arbeitentgelt (Gratifikationen, Weihnachts-, Urlaubsgeld, 13. Monatsgehalt) als auch Tage, an denen zum Beispiel infolge von Kurzarbeit oder unverschuldetem Arbeitsversäumnis weniger verdient wurde. Nicht nur vorübergehend gezahlte Verdiensterhöhungen während der Schutzfristen sind ab ihrer Wirksamkeit anzurechnen.

Mitglieder der GKV erhalten ein Einkommen in Höhe des gewohnten Nettoverdienstes

Dauerhafte Verdienstkürzungen während oder nach Ablauf des Berechnungszeitraums, die nicht auf mutterschutzrechtlichen Beschäftigungsverboten beruhen, werden jedoch auch bei der Berechnung von Mutterschaftsgeldes berücksichtigt, um zu verhindern, dass Arbeitnehmerinnen mit Beschäftigungsverbot besser gestellt sind als die ohne Einschränkung Beschäftigten bzw. als die nicht schwangeren Kolleginnen.

Allerdings liegt die Höchstsumme des Mutterschaftsgeldes, das von der Krankenkasse gezahlt wird, bei 13 Euro pro Kalendertag bzw. 390 Euro monatlich. Damit Ihnen keine Nachteile entstehen, muss der Arbeitgeber die Differenz zur Höhe des Nettoeinkommens zuzahlen.

Beispiel: In den letzten drei Monaten vor Beginn der Sechs-Wochen-Schutzfrist lag der Bruttolohn einer gesetzlich krankenversicherten Frau bei jeweils 1 200 Euro. Die gesetzlichen Abzüge addierten sich auf monatlich 330 Euro. Ihr Nettolohn pro Monat lag also bei 870 Euro. Der Nettolohn der letzten drei Monate (870 Euro x 3 Monate) beträgt 2 610 Euro, der Nettolohn je Kalendertag 29 Euro, denn alle Monate werden einheitlich mit 30 Tagen festgesetzt. Die Frau erhält also während der Schutzfristen vor und nach der Entbindung von der Krankenkasse den gesetzlich zulässigen Höchstbetrag von 13 Euro; der Arbeitgeber zahlt einen Zuschuss von 16 Euro.

Parallel zur Verlängerung der Schutzfrist bei vorzeitigen Geburten verlängert sich auch die Anspruchsdauer auf Mutterschaftsgeld bei Frauen, die früher als vom Arzt oder der Hebamme berechnet entbunden haben.

tipp

Übrigens: Wenn der Arbeitgeber zahlungsunfähig ist, erhalten Sie den Ihnen zustehenden (Arbeitgeber-)Zuschuss von der für die Zahlung des Mutterschaftsgeldes zuständigen Stelle.

Für Berufsanfängerinnen, die Mitglied der gesetzlichen Krankenversicherung sind und deren Arbeitsverhältnis während der Schutzfristen vor und nach der Geburt beginnt, besteht inzwischen auch Anspruch auf Mutterschaftsgeld ab Beginn des Beschäftigungsverhältnisses. Bei der Berechnung des Zuschusses ist das durchschnittliche kalendertägliche Arbeitsentgelt einer gleichartig Beschäftigten zugrunde zu legen.

Studentinnen, die in einem Arbeitsverhältnis stehen und selbst Mitglied der Krankenkasse sind, erhalten ebenfalls Mutterschaftsgeld.

Gruppe 2: Selbstständig tätige Frauen, die freiwillig Mitglied der gesetzlichen Krankenkasse sind

Das Entbindungsgeld für Frauen, die keinen Anspruch auf laufendes Mutterschaftsgeld haben, wurde gestrichen

Wenn eine Frau bei Arbeitsunfähigkeit gegenüber ihrer Kasse Anspruch auf Krankentagegeld hat (in Zweifelsfällen dort nachfragen!), zahlt diese während der Mutterschutzfristen Mutterschaftsgeld in Höhe dieses Betrags. Freiwillig versicherte Frauen ohne diese Versicherungsleistung erhalten dagegen nichts.

Gruppe 3: In der gesetzlichen Krankenversicherung familienversicherte Frauen

Wenn sie über ihren Ehemann bzw. als Kind eines Mitglieds in eine Familienversicherung eingebunden sind und in keinem Arbeitsverhältnis stehen, zahlt ihnen die Krankenkasse grundsätzlich kein Mutterschaftsgeld.

Als Familienversicherte in einem geringfügigen Arbeitsverhältnis („400-Euro-Job“) steht ihnen auf Antrag vom Bundesversicherungsamt in Berlin zusätzlich Mutterschaftsgeld in Höhe von einmalig 210 Euro zu.

Gruppe 4: Privat krankenversicherte Frauen

Privat krankenversicherte Arbeitnehmerinnen erhalten auf Antrag vom Bundesversicherungsamt in Berlin einmalig Mutterschaftsgeld in Höhe von 210 Euro. Weiterhin haben sie Anspruch auf einen Arbeitgeberzuschuss während der gesamten Schutzfrist. Dieser errechnet sich aus der Differenz zwischen dem maximalen kalendertäglichen Mutterschaftsgeld von 13 Euro und dem durchschnittlichen Nettoverdienst (››› Seite 137).

Privatversicherte bekommen weniger Geld

Damit stehen sie ungünstiger da als gesetzlich Versicherte. Dieser Nachteil wird allerdings beim Bezug von Erziehungsgeld (››› Seite 154 ff.) teilweise ausgeglichen, da der Anspruch auf Erziehungsgeld bereits ab Geburt gilt, wobei das einmalige Mutterschaftsgeld bis zu 210 Euro nicht auf das Erziehungsgeld angerechnet wird.

Selbstständig tätige Frauen und Hausfrauen, die privat krankenversichert sind, erhalten nichts.

Gruppe 5: Mutterschaftsgeld bei geringfügiger Beschäftigung

Wer bis zu 400 Euro in einem Mini-Job verdient und selbst gesetzlich/freiwillig krankenversichert ist, erhält von der Krankenkasse Mutterschaftsgeld bis zu 13 Euro am Tag, auch dann, wenn kein Anspruch auf Krankengeld besteht. Insbesondere Studentinnen erhalten dabei nach unseren Erfahrungen leider gelegentlich von ihrer Krankenkasse eine falsche Auskunft. In einem solchen Fall sollte umgehend Widerspruch eingelegt werden.

Frauen, die über ihren Partner familienversichert sind, erhalten jedoch nur das Mutterschaftsgeld in Höhe von 210 Euro (siehe Gruppe 3).

tipp

Wer mit seinem Arbeitgeber verhandelt, dass der Mini-Job auf über 400 Euro aufgestockt wird (also bereits ab 400,01 Euro), wird damit krankenversicherungspflichtig. Dann müssen zwar eigene Beiträge gezahlt werden, es gibt im Gegenzug aber auch das volle Mutterschaftsgeld und ggf. Krankengeld. Unterm Strich kann sich dadurch ein Vorteil von rund 1 200 Euro ergeben. Für den Arbeitgeber entstehen keine Mehrkosten. Die Aufstockung muss aber rechtzeitig erfolgen, da Mutterschaftsgeld nur gezahlt wird, wenn die Krankenversicherung für mindestens zwölf Wochen zwischen Ende des 4. und Beginn des 10. Monats bestanden hat.

Mehr als ein Mini-Job

Mehrere Mini-Jobs werden zusammengerechnet. Bleibt die Summe unter 400 Euro, sind alle Jobs sozialversicherungsfrei. Kommt die Summe über 400 Euro, entsteht Sozialversicherungspflicht, mit der Folge, dass auch Mutterschaftsgeld gezahlt wird.

Wenn in einem Mini-Job dagegen eine befristete Zusatztätigkeit, zum Beispiel eine Urlaubsvertreteung, ausgeübt wird, wird diese nicht auf den Mini-Job angerechnet; es entsteht also keine Sozialversicherungspflicht.

Gruppe 6: Arbeitslose Frauen, die bei Beginn der Schutzfrist als Bezieherinnen von Arbeitslosengeld, -hilfe/-geld II oder Unterhaltsgeld gesetzlich krankenversichert sind
Das Mutterschaftsgeld wird von der gesetzlichen Krankenkasse gezahlt; die Höhe entspricht dem Betrag des Arbeitslosengeldes, der Arbeitslosenhilfe oder des Unterhaltsgeldes, den sie vor Beginn der vorgeburtlichen Schutzfrist erhalten haben.

Beruht die Arbeitslosigkeit auf einer von der Gewerbeaufsicht genehmigten Kündigung während der Schwangerschaft bekommen sie sogar Mutterschaftsgeld in Höhe ihres alten Nettoeinkommens. Den (Arbeitgeber-)Zuschuss zahlt dann das Bundesversicherungsamt aus.

Gruppe 7: Arbeitslose Frauen, die nicht Mitglied einer gesetzlichen Krankenkasse sind
Es besteht kein Anspruch auf Mutterschaftsgeld. Können sie sich nicht selbst helfen und erforderliche Hilfe auch von anderen nicht erhalten, haben sie das Recht auf Sozialhilfe.

Nur wenn sie dem Arbeitsmarkt nicht mehr zur Verfügung stehen, darf das Arbeitsamt sie aus der gesetzlichen Krankenkasse abmelden. Das Arbeitsamt hat dies für die vorgeburtliche Sechs-Wochen-Schutzfrist besonders zu prüfen, da sie in diesem Zeitraum grundsätzlich freiwillig weiterarbeiten dürfen. Werden sie während der Schwangerschaft – insbesondere während der Schutzfristen – arbeitslos, sollten sie sich möglichst rasch beim Arbeitsamt und der Krankenkasse über ihre finanzielle Absicherung informieren.

Gruppe 8: Studentinnen und andere gesetzlich Krankenversicherte, die keinen Anspruch auf Mutterschaftsgeld haben
Diese Frauen erhalten keine Leistungen mehr, da das Entbindungsgeld von 77 Euro zum 1.1.2004 gestrichen wurde.

Antrag stellen!

Um Mutterschaftsgeld zu bekommen, müssen Sie einen Antrag bei Ihrer Krankenkasse oder dem Bundesversicherungsamt (››› Seite 180) stellen. Dazu müssen Sie das Zeugnis eines Arztes oder einer Hebamme über den mutmaßlichen Entbindungstermin vorlegen. Dies sollte möglichst frühzeitig erfolgen; die Bescheinigung darf aber nicht früher als eine Woche vor Beginn der Schutzfrist ausgestellt sein. Erledigen Sie dies dann am besten umgehend, da Ihnen unter bestimmten Umständen sonst Nachteile entstehen können.

tipp

Wenn Sie sich wegen eines zuvor geborenen Kindes noch in der Elternzeit befinden, bleibt der Anspruch auf Mutterschaftsgeld in Höhe von maximal 13 Euro pro Tag von der Krankenkasse erhalten. Der Arbeitgeberzuschuss entfällt dann allerdings.

Steuern und Sozialabgaben

Mutterschaftsgeld wird netto ausgezahlt. Sie müssen dafür also weder Steuern noch Sozialabgaben entrichten. Solange Sie Anspruch auf Mutterschaftsgeld haben, bleiben Sie in der gesetzlichen Renten-, Kranken- und Arbeitslosenversicherung versichert.

Bei Privatversicherten übernimmt der Arbeitgeber weiterhin seinen Anteil am Krankenversicherungsbeitrag, den Rest müssen sie selber tragen.

tipp

Bei einer geplanten Schwangerschaft kann es sich lohnen, die Steuerklasse mit dem Ehemann zu tauschen, da Sie Ihr Nettogehalt und damit auch das Mutterschutzgeld so unter Umständen steigern können.

Sonderleistungen des Arbeitgebers

Im Allgemeinen dürfen Jahressonderleistungen, deren Höhe von einer bestimmten Dauer der Anwesenheit im Betrieb abhängig ist (zum Beispiel 13. Monatsgehalt, Weihnachtsgeld, Gratifikationen, Dienstwagen), durch Fehlzeiten aufgrund der Mutterschutzfristen und Beschäftigungverbote nicht gekürzt werden. Während dieser Fristen bzw. für Zeiten derartiger Verbote muss der Arbeitgeber auch vermögenswirksame Leistungen, zu deren Zahlungen er sich verpflichtet hat, erbringen. Allerdings enthalten Tarifvertrag, Betriebsvereinbarung oder Einzelarbeitsvertrag nicht selten davon abweichende Regelungen. Im Einzelfall fragen Sie dazu bei Ihrem Betriebsrat oder der zuständigen Gewerkschaft nach.

Die Elternzeit

In der Elternzeit soll den Eltern die Möglichkeit geboten werden, eine im Leben einer Familie einmalige und wichtige Zeit aktiv zu gestalten. Seit der Reform des Gesetzes im Jahre 2001 können Eltern dieses Angebot auch gleichzeitig nutzen, indem sie beide voll aussteigen, beide Teilzeitarbeiten oder beides miteinander kombinieren. Gerade Väter sollen durch das Recht auf umfangreiche Teilzeitarbeit motiviert werden, sich ohne Angst vor einem Karriereknick dieser wichtigen Aufgabe zu stellen und soziale Kompetenzen zu erwerben.

Mittlerweile nehmen rund 85 Prozent der berechtigten Haushalte auch Elternzeit in Anspruch. Allerdings liegt der Anteil der Väter nur bei 5 Prozent. Damit ist er zwar in den letzten drei Jahren von 1,5 Prozent angestiegen, aber immer noch sehr gering. Ursache ist häufig der Umstand, dass die Männer mehr verdienen und die Familie auf das Einkommen nicht verzichten kann. Da es auch zu wenig Betreuungsplätze für ganz kleine Kinder gibt, kann familienpolitisch noch einiges getan werden, um eine gleichberechtigte Inanspruchnahme zu fördern.

Der Zeitrahmen

Ein Anspruch auf Elternzeit besteht bis zur Vollendung des dritten Lebensjahres des Kindes. Väter können diese Zeit unmittelbar nach der Geburt, also drei Jahre nutzen. Für die Mütter beginnt die Elternzeit dagegen erst im Anschluss an die acht- oder gar zwölfwöchige Mutterschutzfrist nach der Geburt, sodass sie lediglich zwei Jahre und zehn (oder gar nur neun) Monate dauert.

Zahlreiche Gestaltungsmöglichkeiten für Mutter und Vater

Wenn der Arbeitgeber zustimmt, kann bis zu einem Jahr der Elternzeit auf die Zeit zwischen dem dritten und dem achten Lebensjahr des Kindes verlagert werden.

Leider ist das Gesetz nicht eindeutig formuliert, sodass es Stimmen gibt, die bei gleichzeitig genommener Elternzeit nur anderthalb Jahre Elternzeit zubilligen wollen. Nach dem Willen des Gesetzgebers soll aber jedem Kind drei Jahre Betreuungszeit zustehen, die auch gleichzeitig von beiden Eltern genutzt werden kann. Auf der anderen Seite gibt es jedoch nicht, wie gelegentlich zu lesen ist, drei Jahre Elternzeit für jeden Elternteil, sondern nur drei Jahre pro Kind, die gemeinsam genommen oder – in bis vier Abschnitte – aufgeteilt werden können.

Maximal drei Jahre Elternzeit für jedes Kind

Beispiel 1: Die Mutter nutzt im ersten und zweiten Lebensjahr des Kindes die Elternzeit, davon das erste Lebensjahr gemeinsam mit dem Vater. Da das Kind somit erst zwei Jahre betreut wurde, verbleibt ein Jahr, das entweder im dritten Lebensjahr des Kindes genommen werden oder, mit Zustimmung des Arbeitgebers, auf einen Zeitraum bis zum achten Geburtstag des Kindes verschoben werden kann. Dieses Jahr kann dann ebenfalls einzeln oder gemeinsam in Anspruch genommen werden.

Beispiel 2: Mutter und Vater nehmen zweimal abwechselnd jeweils neun Monate Elternzeit, der Vater beginnt mit der Geburt des Kindes. Während der Elternzeit des einen Elternteils arbeitet der andere Elternteil. Sie haben damit die volle Zeit von drei Jahren in Anspruch genommen und die maximale Anzahl von vier Abschnitten gewählt.

Zur gleichen Zeit können Vater und Mutter im Übrigen nur dann Elternzeit nehmen, wenn sie deshalb keine Sozialhilfe in Anspruch nehmen müssen.

Wenn Sie Elternzeit beanspruchen wollen, müssen Sie nicht den gesamtem Zeitrahmen ausschöpfen, sondern können im Vorhinein einen früher liegenden Endtemin wählen. Auch für Zwillinge gibt es insgesamt nur drei Jahre Elternzeit.

Elternzeit bei mehreren Kindern

Bekommen Sie während der laufenden Elternzeit ein weiteres Kind, so verkürzt sich die Elternzeit grundsätzlich nicht: Sie endet für beide Kinder jeweils mit der Vollendung des dritten Lebensjahres. Die beiden Zeiten werden aber nicht addiert, sondern laufen zum Teil gleichzeitig.

Beispiel: Das erste Kind wird am 20. Dezember 2004 geboren. Die Eltern beanspruchen die maximal mögliche Elternzeit von drei Jahren, sodass die Zeit am 19. Dezember 2007 endet. Kommt das zweite Kind am 7. November 2006 zur Welt, endet die Elternzeit – sofern sie wieder in voller Länge beansprucht wird – am 6. November 2009.

Wichtig: Sie können zwar bis Ende des dritten Lebensjahres Ihres Kindes Elternzeit nehmen, Erziehungsgeld des Bundes gibt es aber maximal bis zur Vollendung des zweiten Lebensjahres. Manche Bundesländer gewähren allerdings Leistungen über diese Zeit hinaus (››› Seite 169).

Wer darf Elternzeit nehmen?

Elternzeit bedeutet unbezahlte Freistellung von der Arbeit durch den Arbeitgeber. Anspruch haben grundsätzlich alle Arbeitnehmerinnen und Arbeitnehmer in Deutschland. Dabei ist es ohne Belang, ob Sie Vollzeit- oder Teilzeit arbeiten, ob Sie geringfügig beschäftigt sind (400-Euro-Job) oder ob Ihr Arbeitsvertrag befristet ist. Letztere verlängern sich jedoch durch die Elternzeit in der Regel nicht. Es empfiehlt sich allerdings, nähere Erkundigungen beim Arbeitgeber einzuholen, insbesondere wenn es um die Aus- und Weiterbildung geht.

Kein Ausschluss möglich
Elternzeit kann vertraglich nicht ausgeschlossen oder beschränkt werden, weder durch eine individuelle Regelung noch durch einen Tarifvertrag oder eine Betriebsvereinbarung. Ihr Arbeitgeber kann auch nicht verlangen, dass Sie die Zeit verlegen oder kürzen. Zulässig sind hingegen Regelungen, die Ihre Rechte erweitern.
Erkundigen Sie sich deshalb bei Ihrem Arbeitgeber, dem Betriebsrat oder der Gewerkschaft nach Sonderregelungen.

Elternzeit steht ebenfalls zu:

- in Heimarbeit Beschäftigen,
- zu ihrer Berufsbildung Beschäftigten (Auszubildenden, Umschülern, zur beruflichen Fortbildung Beschäftigten, Praktikanten. Die Elternzeit wird auf die Berufbildungszeiten jedoch nicht immer angerechnet, auch wenn Sie in Teilzeit arbeiten.),
- Beamten,
- Berufs-/Zeitsoldaten, Wehr- und Zivildienstleistenden.

Sie können Elternzeit beanspruchen für

- Kinder, für die Ihnen die so genannte Personensorge zusteht (gewöhnlich also für leibliche Kinder oder Adoptivkinder),
- ein Kind, das Sie adoptieren wollen,
- ein Stiefkind,
- ein nichteheliches leibliches Kind, für das Ihnen die Personensorge nicht zusteht, wenn der sorgeberechtigte Elternteil zustimmt.
- In Härtefällen können auch Großeltern oder andere nahe Verwandte Elternzeit nehmen.

Grundsätzlich müssen die Antragsteller mit dem Kind in einem gemeinsamen Haushalt leben und das Kind überwiegend selbst betreuen und erziehen.

Das Recht auf Teilzeitarbeit

Sowohl Väter als auch Mütter haben einen Rechtsanspruch auf Teilzeitarbeit! Betriebe mit mehr als 15 Beschäftigten können Arbeitnehmerinnen und Arbeitnehmern, die mindestens sechs Monate beschäftigt gewesen sind, während der Elternzeit eine Teilzeittätigkeit nur aus „dringenden" betrieblichen Gründen verweigern. Wann dies möglich ist, werden teilweise wohl erst die Gerichte entscheiden. Arbeitgeber werden solche Gründe aber ausführlich darlegen müssen.

30 Stunden nebenbei sind in der Elternzeit erlaubt

Die Arbeitszeit muss bei dieser Teilzeittätigkeit zwischen 15 und 30 Stunden betragen. Wie sich dies auf die Wochentage verteilt, ist dabei gleichgültig. Der Antrag muss für mindestens drei Monate gestellt und dem Arbeitgeber acht Wochen vor dem gewünschten Termin mitgeteilt werden. Eine Ablehnung des Antrags muss innerhalb von vier Wochen erfolgen.

Überprüfen Sie bei der rechtlichen Gestaltung dieses Teilzeitarbeitsverhältnisses, dass das Hauptarbeitsverhältnis erhalten bleibt, wenn Sie die bisherige Vollzeittätigkeit nach Ablauf der Elternzeit wieder aufnehmen wollen.

Kann oder will Ihr bisheriger Arbeitgeber Ihren Wunsch nach Teilzeitbeschäftigung nicht erfüllen oder wollen Sie bei einem anderen Arbeitgeber oder selbstständig arbeiten, benötigen Sie dennoch dessen Zustimmung, auch wenn es sich bei dieser Tätigkeit nur um eine geringfügige Beschäftigung handelt. Das Einverständnis kann der Arbeitgeber allerdings nur verweigern, wenn der gewünschten Beschäftigung betriebliche Interessen entgegenstehen, Sie etwa bei der Konkurrenz arbeiten wollen. Die Ablehnung muss Ihr Arbeitgeber innerhalb von vier Wochen schriftlich begründen. Überzeugen Sie die Gründe nicht, können Sie Klage vor dem Arbeitsgericht erheben. In derartigen Fällen empfiehlt es sich, Rechtsrat einzuholen.

Bevor Sie sich für eine Teilzeittätigkeit entscheiden, können Sie sich von der Erziehungsgeldstelle beraten lassen, wie sich dies auf die Höhe des Erziehungsgeldes auswirkt. Die Höhe Ihres Einkommens bei Teilzeitarbeit kann Ihnen Ihr Arbeitgeber benennen. Hilfestellung bei der Berechnung können Sie auch im Internet über www.teilzeit-info.de bekommen. Dort finden Sie eine Kalkulationsgrundlage („Net-toklick") des Bundesministeriums für Arbeit und Sozialordnung.

Klären Sie vorab, welchen Einfluss die Teilzeitarbeit auf die Höhe des Erziehungsgeldes hat!

Musterbrief

Rechtzeitig den Antrag stellen

Klaus Blume

Bebelallee 82
40547 Düsseldorf
02 11/2 18 56 94

An
K & A GmbH
Personalabteilung
Friedrichstraße 24
41414 Neuss

Düsseldorf, 28. November 2004

(Eventuell schon vorhandenes Aktenzeichen des Vorgangs benennen)

Sehr geehrte Damen und Herren,

nach der Geburt meines Sohnes Ben am 21.11.2004 möchte ich Sie davon unterrichten, dass ich im Anschluss an die Mutterschutzfrist meiner Lebensgefährtin bis zur Vollendung des ersten Lebensjahres Elternzeit beanspruchen möchte.

Ich beantrage außerdem, dass 12 Monate in die Zeit vom dritten bis zum achten Lebensjahr des Kindes übertragen werden. Den genauen Zeitraum werde ich Ihnen rechtzeitig mitteilen.

Ab dem 1.1.2005 möchte ich bei der Firma IKA in Düsseldorf eine Teilzeittätigkeit im Umfang von 15 Wochenstunden ausüben. Ich bitte um Zustimmung.

Mit freundlichen Grüßen
(Unterschrift)

Antrag stellen!

Welche Fristen zu beachten sind

Sechs Wochen vor Ablauf der Mutterschutzfrist, in der Regel also zwei Wochen nach der Geburt, muss der Antrag bei Ihrem Arbeitgeber schriftlich eingehen, wenn Sie die Elternzeit direkt an die Mutterschutzfrist anschließen wollen. Sie müssen dem Arbeitgeber dann auch mitteilen, wie Sie die ersten zwei Jahre gestalten wollen. Soll die Elternzeit des Vaters unmittelbar mit der Geburt beginnen, muss die Anmeldung ebenfalls sechs Wochen vorher erfolgen. Für alle anderen beantragten Zeiträume gibt es acht Wochen Frist.

Ändern können Sie Ihre Festlegung nachträglich nur noch mit Zustimmung des Arbeitgebers. Diese muss allerdings in Härtefällen grundsätzlich erteilt werden, etwa in wirtschaftlichen Notlagen, bei schwerer Krankheit eines Elternteils oder der Geburt eines weiteren Kindes. Der Arbeitgeber hat vier Wochen Zeit, einen solchen Änderungsantrag wegen dringender betrieblicher Gründe abzulehnen.

Die Übertragung des dritten Jahres der Elternzeit in den Zeitraum vom dritten bis zum achten Geburtstags des Kindes kann ohne konkrete Benennung der gewünschten Zeit beantragt werden und später, unter Einhaltung der Anmeldefrist von acht Wochen, präzisiert werden.

Krankenversicherung in der Elternzeit

Große Unterschiede bei den Versicherungsbeiträgen

Viele Eltern sind überrascht, dass die Frage der Krankenversicherung in der Elternzeit ziemlich kompliziert und unter Umständen sehr teuer sein kann. Je nach Voraussetzung ergeben sich die folgenden Möglichkeiten:

Wer gesetzlich versichertes Pflichtmitglied ist, bleibt während der Elternzeit solange beitragsfrei versichert wie Erziehungsgeld bezogen wird. Jede andere Einnahme wird mit Beiträgen belegt.

Freiwillig Versicherte in der gesetzlichen Krankenversicherung müssen auch während des Bezugs von Erziehungsgeld weiter Beiträge in

Höhe des so genannten Mindestbeitrags leisten, der je nach Kasse unterschiedlich hoch ausfällt.

Wer während der Elternzeit gar kein eigenes Einkommen hat, kann kostenfrei in die Familienversicherung des Partners wechseln, wenn der gesetzlich versichert ist. Wenn der Partner aber privat versichert ist, besteht bei Erfüllung der Vorversicherungszeiten und Einhaltung einer drei Monatsfrist die Möglichkeit, sich freiwillig gesetzlich zu versichern.

Kassenwahl – Satzung beachten

Bei der Berechnung des Einkommens von freiwillig versicherten Ehepartnern ohne eigenem Einkommen wenden die Kassen zwei unterschiedliche Berechnungsmethoden an. So setzen einige Kassen beispielsweise die Hälfte des Ehegatteneinkommens (als Beispiel hier: 5 000 Euro), aber nicht mehr als die Beitragsbemessungsgrenze (2004: 3 487,50 Euro) an. In diesem Fall werden also Beiträge für 2.500 Euro monatlich berechnet; das entspricht bei einem Beitragssatz von 14 Prozent monatlich 350 Euro. Andere Kassen legen die Hälfte der Beitragsbemessungsgrenze zugrunde, also 1 743,75 Euro. Das entspricht einem monatlichen Beitrag von 244,12 Euro, wenn als Beitragssatz ebenfalls 14 Prozent zugrunde gelegt werden. Versicherte können so jeden Monat 105,88 Euro sparen. Beachten Sie bei der Kassenwahl die Satzung; dort ist der Berechnungsansatz festgelegt.

Privatversicherte müssen ihre Beiträge weiterzahlen; wenn Sie Arbeitnehmer waren, müssen sie sogar den Anteil des Arbeitgebers mit übernehmen. Wenn Privatversicherte eine Teilzeitarbeit aufnehmen sinken sie in der Regel unter die Versicherungspflichtgrenze und werden damit Pflichtmitglied in der gesetzlichen Krankenversicherung. Wer dies nicht will, kann sich von der Versicherungspflicht auf Antrag bei der für den Arbeitgeber zuständigen Kasse befreien lassen. Da die Beiträge für die gesetzliche Versicherungen unter Umständen aber für die Zeit der Reduzierung niedriger ausfallen, kann es auch attraktiv sein, aus der privaten Versicherung auszuscheiden. Wer später wieder dorthin zurück möchte, sollte einen Anwartschaftstarif vereinbaren, der ohne eine Gesundheitsprüfung eine Rückkehr in den alten Tarif ermöglicht.

Beamte bzw. Beamtinnen sollten sich bei ihrer Beihilfestelle danach erkundigen, in welcher Höhe die Beihilfe auch während der Elternzeit weiter besteht bzw. ob sie sich privat höher versichern müssen.

Kündigung in der Elternzeit?

Auch in der Elternzeit genießen Sie Kündigungsschutz

Während der Elternzeit sind Sie vor einer Kündigung weitgehend geschützt – ähnlich wie bei der Schwangerschaft und innerhalb der Mutterschutzfristen. Diesen Schutz erhalten Sie bereits mit der Anmeldung der Elternzeit bei Ihrem Arbeitgeber, es sei denn, Sie haben dies länger als sechs Wochen im Voraus mitgeteilt.

Diesen speziellen Kündigungsschutz genießen auch Arbeitnehmerinnen und Arbeitnehmer,

- die während der Elternzeit eine Teilzeitarbeit bei demselben Arbeitgeber ausüben,
- die nach der Geburt des Kindes keine Elternzeit in Anspruch nehmen (obwohl er ihnen zustände), jedoch eine bereits zuvor ausgeübte Teilzeitarbeit im Umfang von (jetzt maximal zulässigen) 30 Stunden je Woche weiterführen.

tipp

Bei einer Kündigung sollten Sie sofort schriftlich Einspruch erheben und die Aufsichtsbehörde, meist das Gewerbeaufsichtsamt, unverzüglich unterrichten. Bei allen Fragen sollten Sie im konkreten Fall fachkundigen Rat suchen.

Kündigt Ihnen Ihr Arbeitgeber in diesem Zeitraum, so ist dies in der Regel rechtlich unwirksam. Nur mit Zustimmung der für den Arbeitsschutz zuständigen Landesbehörde darf Ihnen gekündigt werden. Vor einer Entscheidung wird die Behörde Ihnen und gegebenenfalls auch dem Betriebsrat Gelegenheit geben, sich dazu zu äußern. Zulässig kann die Kündigung sein, wenn der Betrieb in seiner Existenz gefährdet ist oder wenn der Arbeitnehmer oder die Arbeitnehmerin gegen die arbeitsvertraglichen Pflichten schwer verstoßen hat, etwa den Arbeitgeber oder Mitarbeiter am Arbeitsplatz bestohlen hat. Erklärt die Behörde die Kündigung für zulässig, kann dagegen Widerspruch eingelegt werden (Frist beachten!). Haben Sie damit keinen Erfolg, ist eine Klage beim Verwaltungsgericht möglich. Dabei fallen Gerichtsgebühren und Anwaltkosten an, die von der Partei getragen werden müssen, die den Prozess verliert.

Wollen Sie Ihre Arbeit nach der Elternzeit nicht wieder aufnehmen, muss Ihre Kündigung spätestens drei Monate vor Ablauf der Elternzeit beim Arbeitgeber eingegangen sein. Kündigen Sie stets schriftlich. Bitten Sie Ihren Arbeitgeber außerdem, Ihnen den Erhalt der Kündigung und das Ende des Arbeitsverhältnisses zum Kündigungstermin zu bestätigen.

Die Rückkehr an den Arbeitsplatz

Kündigen Sie nicht vor oder zum Ende der Elternzeit, so wird Ihr Arbeitgeber zu Recht davon ausgehen, dass Sie Ihre Arbeit in unverändertem Umfang wieder aufnehmen wollen. Für alle Beteiligten günstiger ist es allerdings, wenn Sie während der Elternzeit den Kontakt zur Arbeitsstelle nicht abbrechen lassen und Ihren Chef rechtzeitig über Ihr beabsichtigtes Wiederkommen informieren. So kann er Ihren neuerlichen Einsatz besser planen und vorbereiten.

Nicht immer können Sie auf Ihren gewohnten Arbeitsplatz zurückkehren

Dass Sie Ihren früheren Arbeitsplatz wiedererhalten, ist zwar oftmals wünschenswert, jedoch besonders bei längerer Dauer der Elternzeit nicht verpflichtend. Entschieden wird die Frage durch den Arbeitsvertrag. Die Tätigkeit ist in den meisten Verträgen nämlich nicht so präzise umrissen (zum Beispiel „Verkäuferin“ statt „Verkäuferin in der Büroartikelabteilung“), sodass der Arbeitgeber Ihnen auch eine andere Arbeit zuweisen kann, die der Vereinbarung entspricht. Waren Sie etwa vor der Elternzeit in der Lebensmittelabteilung als Verkäuferin eingesetzt, dürfte ein neuer Arbeitsplatz in die Abteilung für Geschenkartikel kaum zu beanstanden sein. Unzulässig ist jedoch, wenn Sie schlechter gestellt werden, etwa eine geringere Bezahlung erhalten.

Teilzeitarbeit nach der Elternzeit?

Seit Anfang 2001 haben alle Arbeitnehmer und Arbeitnehmerinnen, die länger als sechs Monate in einem Betrieb mit mehr als 15 Beschäftigten arbeiten, einen Anspruch auf Teilzeitarbeit. Dies muss dem Arbeitgeber drei Monate vor dem gewünschten Termin mitgeteilt werden. Die Elternzeit zählt als Beschäftigungszeit, es muss also nicht erst wieder sechs Monate gearbeitet werden.

Was betriebliche Gründe für die Ablehnung sind, werden wohl die Gerichte entscheiden

Der Arbeitgeber kann den Antrag aus betrieblichen Gründen ablehnen. Wenn aber bereits während der Elternzeit in Teilzeit gearbeitet wurde, ist es schwierig zu begründen, warum die Fortsetzung nicht möglich sein soll.

Erziehungsgeld und andere finanzielle Regelungen

Junge Familien müssen oft genau mit dem Geld rechnen. Nach der Mutterschutzfrist fällt häufig ein Gehalt zumindest teil- oder zeitweise weg. Dabei ist Kinder großzuziehen ein durchaus teures Vergnügen. Erziehungsgeld, Kindergeld und andere finanzielle Hilfen sollen Unterstützung bieten. Was Sie alles beanspruchen können, lesen Sie auf den nächsten Seiten.

6

Erziehungsgeld

Eine kleine Finanzspritze vom Staat

Mit dem 1986 eingeführten Erziehungsgeld will der Gesetzgeber die Erziehungs- und Betreuungsleistung der Eltern anerkennen und ihre wirtschaftliche Lage in der ersten Lebensphase des Kindes verbessern. Das Erziehungsgeld deckt zwar lange nicht den durch Mehrkosten und Verdienstausfälle entstandenen Bedarf, ist aber dennoch ein wichtiger Beitrag zur Familienkasse. Es beträgt im Höchstfall 300 Euro (bzw. 450 Euro beim so genannten Budgetangebot, ››› Seite 158) monatlich und kann bis Ende des zweiten Lebensjahres (bzw. bis Ende des ersten Lebensjahres beim Budgetangebot) des Kindes gezahlt werden.

Wem steht Erziehungsgeld zu?

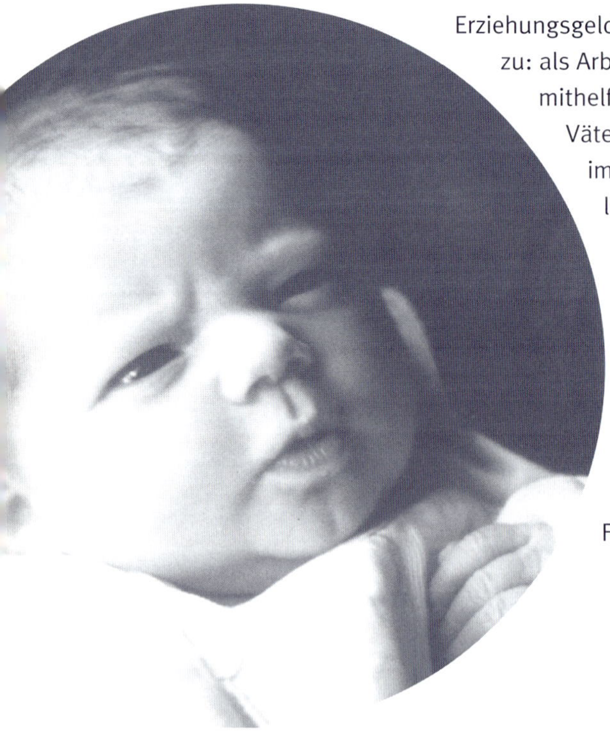

Erziehungsgeld steht Ihnen unabhängig von der bisherigen Tätigkeit zu: als Arbeitnehmer, Beamtin, Selbstständigem, Hausfrau oder mithelfendem Familienangehörigen. Obwohl grundsätzlich Väter und Mütter Erziehungsgeld erhalten können, wird es immer nur an eine Person gezahlt. Erfüllen beide Eheleute die Voraussetzung, können Sie selber bestimmen, an wen das Geld gezahlt werden soll; Sie können sich auch abwechseln. Für den Fall, dass Eltern sich nicht einigen können, hat der Gesetzgeber die Ehefrau als vorrangig berechtigt bestimmt.

Aber nicht alle Eltern kommen in den Genuss von Erziehungsgeld. Und auch andere Personen als die Eltern können diese Finanzspritze vom Staat erhalten. Folgende Voraussetzungen müssen Sie erfüllen:

1. Wohnsitz oder gewöhnlicher Aufenthalt in der Bundesrepublik Deutschland

Kein Problem ist es allerdings, wenn Ihr hiesiger Arbeitgeber Sie lediglich vorübergehend ins Ausland geschickt hat oder Sie als Entwicklungshelfer (im Sinne des Entwickungshelfer-Gesetzes) tätig sind.

2. Betreuung des Kindes

Sie müssen die Personensorge für das Kind haben, es muss in Ihrem Haushalt leben und von Ihnen selbst betreut werden.

Auch nicht personensorgeberechtigte Verwandte zweiten oder dritten Grades (Großeltern, Tanten, Onkel, ältere Geschwister) oder deren Ehegatten können ausnahmsweise – bei Tod, schwerer Erkrankung oder Behinderung von Mutter oder Vater – das Erziehungsgeld bekommen, wenn die anderen Erziehungsgeldvoraussetzungen erfüllt sind.

Für Kinder des Ehepartners und für nichteheliche Kinder kann ebenfalls ein Anspruch auf diese Leistung bestehen. Väter nichtehelicher Kinder brauchen allerdings dafür die Zustimmung der Mutter. Erziehungsgeld gibt es auch für adoptierte Kinder und Kinder in Adoptionspflege ab Aufnahme in die Familie, nicht aber für Kinder, die in Vollzeitpflege genommen wurden. (Für diese Kinder kann man aber Elternzeit nehmen.)

3. Keine (volle) Erwerbstätigkeit

Teilzeitarbeit hindert Ihren Anspruch auf Erziehungsgeld nicht, wenn Sie nicht mehr als 30 Stunden in der Woche tätig sind. Das gilt nicht nur für Arbeitnehmer, sondern auch für Selbstständige und mithelfende Familienangehörige. Das Einkommen aus der Teilzeitarbeit wird allerdings bei der Berechnung des Erziehungsgeldes berücksichtigt. In Härtefällen kann aber auch eine Vollzeitstelle erlaubt werden.

Auszubildende, Schüler und Studenten brauchen ihre Ausbildung nicht zu unterbrechen, um Erziehungsgeld zu bekommen.

tipp

Als Ausländer oder Ausländerin steht Ihnen Erziehungsgeld zu, sofern Sie eine Aufenthaltsberechtigung oder Aufenthaltserlaubnis besitzen. Trotz Aufenthaltserlaubnis gibt es jedoch kein Geld, wenn Sie von einem im Ausland ansässigen Arbeitgeber nur vorübergehend nach Deutschland entsandt worden sind. Bürgerinnen und Bürger der Europäischen Union haben Anspruch auf Erziehungsgeld, ebenso Grenzgänger aus Nachbarstaaten, die in Deutschland zumindest 15, aber nicht mehr als 19 Wochenstunden beschäftigt sind.

Erziehungsgeld bei Arbeitslosigkeit

Erhalten Sie Arbeitslosengeld, wird Erziehungsgeld nur dann gewährt, wenn die vorangegangene Tätigkeit nicht mehr als 30 Stunden betragen hat. Oder wenn eine Arbeitnehmerin aus einem von ihr nicht zu vertretenden Grund trotz Kündigungschutz entlassen wurde und der Wegfall des Erziehungsgeldes sich als unbillige Härte darstellen würde.

Wenn Sie vor der Arbeitslosigkeit mehr als 30 Stunden gearbeitet haben, müssen Sie sich entscheiden, ob Sie Arbeitslosen- oder Erziehungsgeld beanspruchen. Das Arbeitslosengeld wird zwar in der Regel höher sein, dafür müssen Sie aber auch dem Arbeitsmarkt zur Verfügung stehen. Das Erziehungsgeld kann eventuell durch Sozialhilfe aufgestockt werden. Steht Ihnen Arbeitslosengeld nur noch wenige Monate zu, kann sich der Verzicht auf das Erziehungsgeld besser rechnen. Die anschließend einsetzende Zahlung von Arbeitslosenhilfe kann wieder gleichzeitig mit Erziehungsgeld in Anspruch genommen werden. Erkundigen Sie sich bei Bedarf bei der für die Auszahlung des Arbeitslosengeldes II zuständigen Behörde, wie sich die neuen Regelungen („Hartz IV“) auf Ihre spezielle Situation auswirken.

In welchem Zeitraum gibt es Erziehungsgeld?

Erziehungsgeld kann vom Tage der Geburt des Kindes bis zum 24. Lebensmonat gezahlt werden. Bei Adoptionen ist der Zeitpunkt der „Inobhutnahme“ entscheidend. Es gibt es ebenfalls maximal zwei Jahre Erziehungsgeld, allerdings höchstens bis zum Ende des siebten Lebensjahres.

Wie viel Erziehungsgeld gibt es?

Fixbetrag in den ersten sechs Lebensmonaten des Kindes

Maximal werden 300 Euro monatlich für jedes Kind gezahlt. Bei Zwillingen steht Ihnen also bis zum Doppelten, bei Drillingen bis zum Dreifachen zu. Auch wenn Sie während des Bezugs von Erziehungsgeld oder der Elternzeit ein weiteres Kind bekommen, erhöht sich der Betrag entsprechend.

Erziehungsgeld im ersten Halbjahr

In den ersten sechs Lebensmonaten des Kindes dürfen Verheiratete oder in eheähnlicher Gemeinschaft Lebende eine Einkommensgrenze von 30 000 Euro jährlich nicht überschreiten, Alleinerziehende 23 000 Euro. Diese Beträge erhöhen sich für weitere Kinder jeweils um einen Zuschlag von 3 140 Euro. Überschreitet Ihr Einkommen die angeführte Grenze auch nur ganz geringfügig, wird kein Erziehungsgeld gezahlt.

Einkommensgrenzen für Erziehungsgeld

Regelbetrag 300 Euro – maximal 24 Monate

Anzahl der im Haushalt lebenden Kinder	Alleinerziehende		Verheiratete/ eheähnliche Gemeinschaft/ eingetragene Lebenspartnerschaft	
	1. bis 6. Monat	ab 7. Monat	1. bis 6. Monat	ab 7. Monat
1	23 000 €	13 500 €	30 000 €	16 500 €
2	26 140 €	16 640 €	33 140 €	19 640 €
3	29 280 €	19 780 €	36 280 €	22 780 €
4	32 420 €	22 920 €	39 420 €	25 920 €

Ab dem siebten Monat: Je höher das Einkommen, desto weniger Geld

Erziehungsgeld bis Ende des zweiten Lebensjahres

Ab dem siebten Lebensmonat des Kindes ist die Grenze für Verheirate ebenso wie für in eheähnlicher Gemeinschaft lebende Eltern bei 16 500 Euro im Jahr gezogen, für Alleinerziehende bei 13 500 Euro. Jedes weitere Kind erhöht den Betrag (wie im ersten Halbjahr).

Überschreitet Ihr Einkommen diese Summen, verlieren Sie nicht gleich jeglichen Anspruch. Anders als für die ersten sechs Lebensmonate des Kindes gibt es gestaffelt zur Höhe des Einkommens anteilig weniger Erziehungsgeld bis zur Untergrenze von 10 Euro. Als Faustregel gilt: Die monatliche Zahlung wird um 5,2 Prozent des jährlich zu viel Verdienten gekürzt bzw. 7,2 Prozent beim Budgetbezug.

Budgetangebot

Wenn Sie im zweiten Jahr auf Erziehungsgeld verzichten, können Sie ein Jahr lang monatlich bis zu 450 Euro ausgezahlt bekommen, wenn eine Einkommensgrenze von 22 086 Euro (bzw. 19 086 Euro bei Alleinerziehenden) nicht überschritten wird. Bei der Entscheidung zwischen ein- oder zweijährigem Erziehungsgeld hängt es von der individuellen Einkommenssituation ab, welche Lösung finanziell attraktiver ist. Wer im zweiten Jahr über der Einkommensgrenze liegt, hat auch im ersten Jahr keinen Anspruch auf das Budget. Es ist also nicht die Lösung, wenn im ersten Jahr ein geringes Einkommen bezogen wird, im zweiten Lebensjahr aber wieder mehr verdient wird. Sofern Sie Landeserziehunggeld beziehen, kommt die Budgetlösung meistens nicht mehr in Betracht.

Einkommensgrenzen für Erziehungsgeld

Budget 450 Euro – maximal 12 Monate

Anzahl der im Haushalt lebenden Kinder	Alleinerziehemde		Verheiratete/ eheähnliche Gemeinschaft/ eingetragene Lebenspartnerschaft	
	1. bis 6. Monat	ab 7. Monat	1. bis 6. Monat	ab 7. Monat
1	19 086 €	13 500 €	22 086 €	16 500 €
2	22 226 €	16 640 €	25 226 €	19 640 €
3	25 366 €	19 780 €	28 366 €	22 780 €
4	28 506 €	22 920 €	31 506 €	25 920 €

Wie wird das Einkommen berechnet?

Für das erste Lebensjahr des Kindes wird das Einkommen aus dem Kalenderjahr vor der Geburt betrachtet, für das zweite Jahr das Einkommen aus dem Geburtsjahr.

Faktoren für die Ermittlung des Einkommens

Bei Verheirateten und Paaren in eheähnlicher Gemeinschaft werden beide Einkommen berücksichtigt. Ausnahme: Wenn der oder die Erziehungsgeldberechtigte nach der Geburt nicht arbeitet, wird der Verdienst vor der Geburt nicht mitgerechnet. Falls Sie dagegen in Teilzeit arbeiten, geht das Gehalt in die Berechnung mit ein. Einnahmen aus geringfügiger Beschäftigung werden allerdings nicht miteinbezogen (››› Beispiel Seite 160 f.).

Ausgangspunkt zur Ermittlung des Einkommens ist die Summe der positiven Einkünfte nach dem Einkommenssteuergesetz. Von den zum Beispiel aus nichtselbstständiger oder selbstständiger Arbeit erworbenen oder aus Kapitalvermögen, Gewerbebetrieb, Land- und Forstwirtschaft, Vermietung und Verpachtung erzielten Geldern werden die Werbungskosten bzw. Sparerfreibeträge abgezogen. In jedem Fall kann aber für die Werbungskosten ein Pauschalbetrag von 1 044 Euro von den Einkünften aus 2003 bzw. 920 Euro von Einkünften ab dem Jahr 2004 abgezogen werden. Der Gewinn bei einer oder mehreren Einkunftsarten kann nicht durch Verluste bei anderen vermindert werden. Ein Verlustausgleich unter Ehepartnern ist ebenso unzulässig.

Die so ermittelte Summe der positiven Einkünfte wird vermindert um

- einen Pauschbetrag in Höhe von 24 Prozent der Einkünfte (bei Beamten oder anderen, die keine Altersvorsorge treffen müssen: 19 Prozent),
- Unterhaltsleistungen an Kinder, für die kein Anspruch auf Kindergeld besteht, sowie an ehemalige Ehepartner und andere Personen in festgelegter Höhe,
- einen Pauschbetrag für ein behindertes Kind oder einen behinderten Elternteil.

Beispiel: Das Kind wird am 1.10.2004 geboren. Die Eltern sind verheiratet, der Vater verdient im Jahr 2003 brutto 25 000 Euro, die Mutter hatte vor der Geburt ein Einkommen von 1 500 Euro pro Monat. Nach der Mutterschutzfrist nimmt sie Elternzeit bis zur Vollendung des zweiten Lebensjahres ihres Kindes. Ab 1.10.2005 tritt sie eine Teilzeitstelle an und verdient brutto monatlich 500 Euro.

Für die Berechnung des Anspruchs auf Erziehungsgeld im ersten Lebensjahr wird lediglich das Gehalt des Mannes abzüglich der Werbungskostenpauschale (1 044 Euro) zugrunde gelegt, also 23 956 Euro. Davon sind 24 Prozent (5 749,44 Euro) abzuziehen. Das für das Erziehungsgeld maßgebliche Einkommen für das erste Lebensjahr beträgt somit 18 206,56 Euro. Damit hat die Frau nach der Mutterschutzfrist bis Ende des sechsten Monats einen Anspruch auf 300 Euro Erziehungsgeld, danach ändert sich der Betrag aufgrund des Überschreitens der Einkommensgrenze auf 211 Euro.

18 206,56 €	-	16 500 €	=	1 706,56 €
1 706,56 €	x	0,052	=	88,74 €
300 €	-	88,74 €	=	211,26 €

Im zweiten Lebensjahr des Kindes wird – neben dem Gehalt des Mannes – zusätzlich das Einkommen der Frau aus 2004 berücksichtigt. Nach Abzug der Werbungskostenpauschale von 920 Euro werden die Einkünfte der Frau ebenfalls um den Pauschbetrag von 24 Prozent gemindert. Das Gesamteinkommen des Paares beträgt somit 22 161,60 Euro. Es wird kein Erziehungsgeld gezahlt, da ein Betrag kleiner als 10 Euro nicht ausgezahlt wird.

Weil bei der Berechnung der Einkommensgrenzen ein 400-Euro-Job nicht einbezogen wird, kann es für die Bezieher von Einkommen knapp oberhalb von 400 Euro interessant sein, mit dem Arbeitgeber für die Zeit des Bezugs von Erziehungsgeld eine Reduzierung auf einen 400-Euro-Job zu verabreden. In unserem Beispiel bekam das Paar kein Erziehungsgeld, weil die Ehefrau im zweiten Jahr 500 Euro monatlich dazu verdiente. Bei einem 400-Euro-Job bestünde dagegen Anspruch auf 206 Euro monatlich Erziehungsgeld. Beachtet werden muß aber, dass bei 400-Euro-Jobs kein Anspruch auf Krankenversicherung mehr besteht. Ist der Ehepartner aber in der gesetzlichen Krankenversicherung, kann Familienmitgliedschaft beantragt werden.

Im Gegensatz zum einmaligen Mutterschaftsgeld vom Bundesversicherungsamt wird laufendes Mutterschaftsgeld bis zu einer Höhe von 10 Euro täglich auf das Erziehungsgeld angerechnet.

Wenn andere Leistungen bezogen werden

Wird eine Mutter, die während des Bezugs von Erziehungsgeld in Teilzeit arbeitet oder Arbeitslosenhilfe bezieht, erneut schwanger, so darf ihr das Mutterschaftsgeld für das weitere Kind nicht angerechnet werden.

Arbeitslosengeld, Arbeitslosenhilfe und Krankengeld (sog. Lohnersatzleistungen) werden als Einkommen angerechnet (››› Seite 156). Sie werden aber nur dann angerechnet, wenn der Bezug während der Erziehungsgeldzahlungen weiter läuft. Als Vorjahreseinkommen zählen sie demnach nicht.

Nicht auf das Erziehungsgeld anrechnen lassen brauchen Sie sich Wohngeld, Sozialhilfe, Leistungen zur Ausbildungsförderung (BAföG), Kindergeld, Kindergeldzuschlag, Kinder- und Jugendhilfe sowie Arbeitslosengeld, wenn es aus einer Tätigkeit von unter 30 Stunden beruht. Erziehungsgeld ist im Übrigen steuerfrei und der Anspruch darauf pfändungsfrei.

Nimmt der Vater schon während der Mutterschutzfrist Erziehungsgeld in Anspruch, so wird das Mutterschaftsgeld nicht auf seinen Anspruch angerechnet.

tipp

Beantragen Sie eine Neuberechnung des Einkommens, wenn sich herausstellt, dass Ihr tatsächliches Einkommen um 20 Prozent geringer ist als das dem Bescheid zugrunde liegende, zum Beispiel weil sich Ihre wirtschaftliche Situation durch Arbeitslosigkeit verschlechtert hat.

Wann ändert sich der Bezug von Erziehungsgeld?

Dies ist immer dann der Fall, sobald eine der Voraussetzungen für den Anspruch auf das (in bisheriger Höhe gewährte) Erziehungsgeld wegfällt. Treten Sie zum Beispiel eine Vollbeschäftigung an, endet die Zahlung nach Ablauf des Lebensmonats des Kindes, in dem Sie die Arbeit aufgenommen haben.

Was beim Antrag zu beachten ist

Bei der Erziehungsgeldstelle, in deren Bereich Sie Ihren Wohnsitz haben, müssen Sie schriftlich einen Antrag stellen. Sie sollten ihn persönlich abgeben oder per Einschreiben schicken. Antragsvordrucke bekommen Sie bei den Erziehungsgeldstellen, bei vielen Gemeindeverwaltungen, Krankenkassen und Krankenhäusern mit Entbindungsstationen.

Antrag nur für jeweils ein Lebensjahr möglich

Erziehungsgeld kann nur für jeweils ein Lebensjahr des Kindes beantragt werden. Für das zweite Lebensjahr ist deshalb ein weiterer Antrag erforderlich, der frühestens ab dem neunten Lebensmonat des Kindes gestellt werden kann.

Übrigens: Erwarten Sie in dieser Zeit ein weiteres Kind, kann es sinnvoll sein, bis zu dessen Geburt mit dem Zweitantrag für Ihr erstes Kind zu warten. Dann kann Ihnen die Kinderkomponente von 3 140 Euro für das weitere Kind zugute kommen.

Halten Sie die Fristen ein

Erziehungsgeld wird rückwirkend nur für sechs Monate gezahlt. Geht Ihr Antrag erst am 30. Dezember bei der Erziehungsgeldstelle ein, obwohl Ihr Kind bereits am 1. Januar geboren wurde, bekommen Sie Erziehungsgeld (rückwirkend) nur ab dem 30. Juli. Der Anspruch für den Zeitraum vom 1. Januar bis zum 29. Juli ist hingegen erloschen. Stellen Sie deshalb den Antrag schon bald nach der Geburt.

Bescheinigungen für die Erziehungsgeldstelle

Lesen Sie dazu den aktuellen Antragsvordruck für das Erziehungsgeld durch, der dazu Angaben enthält. Insbesondere müssen Sie vorweisen:

- die Geburtsurkunde des Kindes (vom Standesamt),
- eine Erklärung zum Einkommen und die Verdienstbescheinigung (vom Arbeitgeber),
- eine Bescheinigung über den Bezug von Mutterschaftsgeld nach der Geburt (von Ihrer Krankenkasse); Beamte weisen ihre Dienstbezüge während des Mutterschutzes nach.

Wenn Sie Elternzeit genommen haben, müssen Sie zusätzlich im 16. Lebensmonat Ihres Kindes eine Bescheinigung Ihres Arbeitgebers einreichen, ob die Elternzeit noch andauert und ob Sie eine Teilzeitbeschäftigung ausüben.

Bewilligung

Entspricht die Erziehungsgeldstelle Ihrem Antrag, erhalten Sie einen Bewilligungsbescheid und das Erziehungsgeld wird Ihnen überwiesen. Wird Ihr Antrag jedoch abgelehnt, bleibt Ihnen die Möglichkeit innerhalb eines Monats dagegen Widerspruch einzulegen. Wird auch dieser nicht akzeptiert, bekommen Sie einen Widerspruchsbescheid, gegen den Sie Klage vor dem Sozialgericht erheben können. Es fallen keine Gerichtsgebühren an. Anwaltskosten müssen Sie zunächst selbst tragen; falls Sie den Prozess gewinnen, werden sie Ihnen jedoch erstattet.

Erziehungsgeld und Krankenversicherung

Pflichtmitglieder der GKV sind finanziell im Vorteil

Bezieher von Erziehungsgeld (und Eltern in der Elternzeit) bleiben beitragsfrei in der gesetzlichen Krankenversicherung weiter versichert, soweit sie zuvor Pflichtmitglieder waren. Das gilt jedoch nicht, wenn weitere beitragspflichtige Einnahmen erzielt werden (zum Beispiel eine über der Geringfügigkeitsgrenze liegende versicherungspflichtige Teilzeitbeschäftigung ausgeübt wird). Pflichtversicherte Studenten haben während des Erziehungsgeldbezuges ebenfalls Beiträge zu entrichten, wenn sie immatrikuliert bleiben.

Bezieher von Erziehungsgeld, die privat krankenversichert sind oder freiwillig der gesetzlichen Krankenversicherung angehören, müssen hingegen ihren Betrag entsprechend den jeweils einschlägigen Versicherungsbedingungen weiter zahlen. Privat versicherte Arbeitnehmerinnen haben sogar zusätzlich den Arbeitgeberanteil zur Krankenversicherung zu tragen, da dieser während des Erziehungsgeldbezuges entfällt. Die Aufnahme einer versicherungspflichtigen Teilzeitbeschäftigung macht der freiwilligen Mitgliedschaft jedoch ein Ende.

Die Erziehungsgeldstellen

Das Gesetz über die Gewährung von Erziehungsgeld und Elternzeit (Bundeserziehungsgeldgesetz) in zwar ein Bundesgesetz, für seine Durchführung sind jedoch die einzelnen Bundesländer zuständig. Die Erziehungsgeldstellen sind unterschiedlichen Behörden zugeordnet. Im Folgenden finden Sie diese Stellen nach Bundesländern geordnet. Für einige Bundesländer sind keine konkreten Adressen und Telefonnummern benannt worden, da die Zuständigkeit dort bei Ämtern liegt, die im jeweiligen Land sehr zahlreich vertreten sind (zum Beispiel die Jugendämter der kreisfreien Städte und Landkreise).

Unterschiedliche Ansprechpartner in den einzelnen Bundesländern

Bundesland	Anschrift	Telefon
Baden-Württemberg	Landeskreditbank Baden-Württemberg Förderungsanstalt Albert-Nestler-Straße 8 76133 Karlsruhe	07 21/3 83 30
Bayern	Amt für Versorgung und Familienförderung	
für Schwaben	Morellstraße 30 86159 Augsburg 1	08 21/57 09 01
für Oberfranken	Hegelstraße 2 95447 Bayreuth	09 21/60 51
für Niederbayern	Friedhofstraße 7 84028 Landshut	08 71/82 90
für Oberbayern (Buchstaben A–H)	Amt für Versorgung und Familienförderung München 1 Richelstraße 17 80634 München	0 89/1 3062-0
für Oberbayern (Buchstaben I–Z)	Amt für Versorgung und Familienförderung München 2 Bayerstraße 32 80335 München	0 89/5 14 34 34
für Mittelfranken	Bärenschanzstraße 8a 90429 Nürnberg	09 11/9 28-0
für die Oberpfalz	Landeshuter Straße 55 93053 Regensburg	09 41/78 09-00
für Unterfranken	Georg-Eydel-Straße 13 97082 Würzburg	09 31/4 10 70-1

Bremen für das Stadtgebiet Bremen	Amt für Soziale Dienste Bremen Abteilung Mitte-West	
	Bahnhofsplatz 29 28195 Bremen	04 21/3 61-28 74
für Bremerhafen	Amt für Familie und Jugend Stadthaus	
	Hinrich-Schmalfeldt-Straße 27576 Bremerhafen	04 71/5 90-20 27
Berlin	Bezirksämter (Jugendamt)	
Brandenburg	Jugendämter der kreisfreien Städte und Landkreise	
Hamburg	Bezirksämter (Einwohnerämter)	
Hessen	Ämter für Versorgung und Soziales	
	Bartningstraße 53 64289 Darmstadt	0 61 51/7 38-0
	Wilhelmstraße 26 64625 Bensheim	0 62 51/1 00 20
	Eckenheimer Landstraße 303 60320 Frankfurt/Main	0 69/15 67-1
	Hailer Straße 24 63571 Gelnhausen	0 60 51/4 85-0
	Marquardtstraße 23-29 36039 Fulda	06 61/62 07-0
	Südanlage 14a 35390 Gießen	06 41/79 36-0
	Robert-Koch-Straße 17 35037 Marburg	0 64 21/6 16-0
	Frankfurter Straße 84a 34121 Kassel	05 61/20 99-0
Mecklenburg-Vorpommern	Erziehungsgeldabschnitte bei den Versorgungsämtern	
	Neustrelitzer Straße 120 17033 Neubrandenburg	03 95/38 00
	Erich-Schlesinger-Straße 35 18059 Rostock	03 81/1 22 15 00
	Friedrich-Engels-Straße 47 19061 Schwerin	03 85/3 99 10
	Frankendamm 17 18439 Stralsund	0 38 31/2 69 70

6

Niedersachsen	die kreisfreien Städte, die Landkreise (in einigen Fällen auch kreisangehörige Gemeinden)	
Nordrhein-Westfalen	Versorgungsämter	
	Schenckendorfstraße 2-6 52066 Aachen	02 41/5 10 70
	Stapenhorststraße 62 33615 Bielefeld	05 21/59 90
	Rheinische Straße 173 44137 Dortmund	02 31/90 64-0
	Erkrather Straße 339 40042 Düsseldorf	02 11/4 58 40
	Ludgeristraße 12 47057 Duisburg	02 03/30 05-0
	Kurfürstenstraße 33 45138 Essen	02 01/89 88-0
	Vattmannstraße 2-8 45879 Gelsenkirchen	02 09/16 30
	Boltensternstraße 10 50735 Köln	02 21/7 78 30
	Von-Steuben-Straße 10 48143 Münster	02 51/49 11
	Heinsbergplatz 13 59494 Soest	0 29 21/10 70
	Friedrich-Engels-Allee 76 42285 Wuppertal	02 02/8 98 10
Rheinland-Pfalz	Jungendämter der kreisfreien und großen kreisangehörigen Städte sowie der Landkreis	
Saarland	Landesamt für Soziales und Versorgung	
	Hochstraße 67 66115 Saarbrücken	06 81/99 78-0
Sachsen	Jeweils: Sachgebiete Familienhilfe der Ämter für Familie und Soziales	
	Rößlerstraße 9 09120 Chemnitz	03 71/59 02-0
	Berliner Straße 13 04105 Leipzig	03 41/59 55-0
	Gutzkowstraße 10 01069 Dresden	03 51/46 55-0

Sachsen-Anhalt	Ämter für Versorgung und Soziales Erziehungsgeldstelle	
	Halberstädter Straße 39a 39112 Magdeburg	03 91/6 27 30 00
	Maxim-Gorki-Straße 5-7 06114 Halle	03 45/5 27 60
Schleswig-Holstein	Versorgungsamt	
	Große Burgstraße 4 23552 Lübeck	04 51/1 40 60
	Neue Anlage 9 25746 Heide	04 81/69 60
	Seminarweg 6 24837 Schleswig	0 46 21/80 60
	Gartenstraße 7 24103 Kiel	04 31/9 82 70
Thüringen	Ämter für Soziales und Familie	
	Karl-Liebknecht-Straße 4 98527 Suhl	0 36 81/73 0
	Linderbacher Weg 30 99099 Erfurt	03 61/3 78 00
	Puschkinplatz 7 07545 Gera	03 65/8 22 30

Aufsichtsbehörden

Werden Ihre Fragen bei der zuständigen Erziehungsgeldstelle nicht hinreichend beantwortet oder wenn Sie sich beschweren wollen, können Sie sich in den einzelnen Bundesländern an folgende Aufsichtsbehörde wenden:

Bundesland	Anschrift	Telefon
Baden-Württemberg	Sozialministerium Baden-Württemberg	
	Schellingstraße 15 70174 Stuttgart	07 11/1 23-0
Bayern	Bayerisches Staatsministerium für Arbeit, Sozialordnung, Familie, Frauen und Gesundheit	
	Winzererstraße 9 80797 München	0 89/12 61-01

6

Berlin	Senatsverwaltung für Schule, Jugend und Sport Beuthstraße 6–8 10117 Berlin	0 30/9 02 67
Brandenburg	Ministerium für Arbeit, Soziales, Gesundheit und Frauen des Landes Brandenburg Heinrich-Mann-Allee 103 14473 Potsdam	03 31/8 66-0
Bremen	Senator für Frauen, Gesundheit, Jugend, Soziales und Umweltschutz Contrescarpe 73 28195 Bremen	04 21/3 61 20 77
Hamburg	Behörde für Soziales und Familie der Freien und Hansestadt Hamburg Postfach 760608 22083 Hamburg	0 40/42 86 30
Hessen	Hessisches Landesamt für Versorgung und Soziales Adickesallee 36 60322 Frankfurt am Main	0 69/1 53 50
Mecklenburg-Vorpommern	Landesversorgungsamt Mecklenburg-Vorpommern Erich-Schlesinger-Straße 37 18059 Rostock	03 81/1 22 15 00
Niedersachsen	Niedersächsisches Frauenministerium Postfach 4120 30161 Hannover	05 11/12 00
Nordrhein-Westfalen	Landesversorgungsamt Nordrhein-Westfalen Von-Vincke-Straße 23-25 48143 Münster	02 51/49 11
Rheinland-Pfalz	Landesamt für Soziales, Jugend und Versorgung Rheinland-Pfalz Am Rodelberg 21 55131 Mainz	0 61 31/9 67-0

Saarland	Ministerium für Frauen, Arbeit, Gesundheit und Soziales des Saarlandes Franz-Josef-Röder-Straße 23 66119 Saarbrücken	06 81/5 01 00
Sachsen	Landesamt für Familie und Soziales Reichsstraße 3 09112 Chemnitz	03 71/57 70
Sachsen-Anhalt	Landesamt für Versorgung und Soziales Neustädter Passage 15 06122 Halle	03 45/69 12-0
Schleswig-Holstein	Landesversorgungamt Schleswig-Holstein Steinmetzstraße 1-11 24534 Neumünster	0 43 21/91 35
Thüringen	Landesamt für Soziales und Familie Karl-Liebknecht-Straße 4 98527 Suhl	0 36 81/73 52 0 36 81/73 40

Landeserziehungsgeld

Zusatzförderung in einigen Bundesländern

In den Ländern Baden-Württemberg, Bayern, Mecklenburg-Vorpommern, Sachsen und Thüringen gibt es im dritten Lebensjahr des Kindes Landeserziehungsgeld. Die Höhe und die Anspruchsvoraussetzungen sind dabei in jedem der genannten Bundesländer unterschiedlich. Für den Antrag sind die gleichen Behörden zuständig, bei denen auch das Erziehungsgeld beantragt wird. Erkundigen Sie sich dort nach den Möglichkeiten.

Kindergeld/Steuern

Das Kindergeld beträgt im Jahre 2004 unabhängig vom Einkommen für das erste bis dritte Kind monatlich 154 Euro und 179 Euro für alle weiteren Kinder. Das Kindergeld wird nur auf Antrag gezahlt, Formulare gibt es bei der Kindergeldkasse des Arbeitsamtes.

Manchmal kann es günstiger sein, den Kindergeldanspruch abzutreten

Unter bestimmten Voraussetzungen kann der Kindergeldanspruch abgetreten werden. Das kann vorteilhaft sein, wenn beispielsweise die Eltern der Mutter noch für weitere Kinder Kindergeld erhalten und sich so die Anzahl der Kinder und damit das Kindergeld insgesamt erhöht. Speziell bei allein erziehenden Frauen in der Ausbildung, die bei den Eltern wohnen, ist diese Möglichkeit gegeben, wenn sich die Eltern um das Kind kümmern.

Steuerfreibeträge

In bestimmten Fällen ist es sinnvoller einen Steuerfreibetrag wahrzunehmen. Das Finanzamt wird bei der Prüfung der Steuererklärung automatisch berücksichtigen, welches Verfahren in Ihrem Fall günstiger ist. Informationen zum Kindergeld erhalten Sie bei der Familienkasse des Arbeitsamtes.

Wann Kinderbetreuungskosten anerkannt werden

Bei der Steuererklärung können nachgewiesene Aufwendungen zur Betreuung des Kindes unter folgenden Bedingungen anerkannt werden:

- Der Elternteil, zu dessen Haushalt das Kind gehört, muss erwerbstätig sein oder sich in der Ausbildung befinden, behindert oder krank sein. Wenn die Eltern zusammenleben, müssen beide Elternteile diese Voraussetzungen erfüllen.
- Nur Aufwendungen über 1 548 Euro pro Kind können abgesetzt werden.
- Bei nicht zusammenlebenden Eltern, die nur einen halben Freibetrag für den Betreuungsbedarf erhalten, können Aufwendungen über 744 Euro pro Kind abgezogen werden.

Insgesamt können maximal 1 500 Euro bei zusammen veranlagten Elternteilen bzw. bei Elternteilen, die den vollen Freibetrag für den Betreuungsbedarf erhalten (750 Euro bei Elternteilen mit halbem Freibetrag), abgesetzt werden.

Entlastungsbetrag für Alleinerziehende

Seit Anfang 2004 gibt es für Alleinerziehende einen so genannten Entlastungsbetrag von 1 308 Euro als Ersatz für den bisherigen Haushaltsfreibetrag. Dieser Freibetrag ist an enge Grenzen geknüpft und soll nur „echten" Alleinerziehenden zugute kommen:

„Ersatz" für den Haushaltsfreibetrag

- Mindestens ein Kind muss unter 18 Jahre alt sein und für jedes ältere Kind muss noch ein Anspruch auf Kindergeld bestehen.
- In der Wohnung oder in der Haushaltsgemeinschaft ist keine zweite erwachsene Person gemeldet.
- Alleinerziehende/r und das Kind müssen in einer gemeinsamen Wohnung gemeldet sein.

Kinderzuschlag bei Bedürftigkeit

Gering verdienende Eltern, die mit ihren Einkünften zwar ihren eigenen Unterhalt finanzieren können, aber nicht den Unterhalt ihrer Kinder, erhalten ab 1. Juli 2004 einen Kinderzuschlag von bis zu 140 Euro pro Monat (maximal drei Jahre lang). Übersteigt das Erwerbseinkommen der Eltern ihren eigenen Bedarf, vermindert sich der Kinderzuschlag für jede 10 Euro, die Eltern darüber hinaus verdienen, um 7 Euro.

Sozialhilfe

Reichen die finanziellen Mittel nicht aus, den Lebensunterhalt zu bestreiten, kann unter Umständen Sozialhilfe in Anspruch genommen werden. Sozialhilfe ist ein gesetzliches Recht und kein Almosen. Gerade Alleinerziehende benötigen häufig die Unterstützung der Gemeinschaft und sollten sich nicht scheuen, diese auch einzufordern.

Lassen Sie sich auf jeden Fall kompetent beraten, welche Ansprüche Sie haben

Da Sozialhilfe erst gezahlt wird, wenn keine anderen Mittel zur Verfügung stehen, erfolgt bei einem Antrag eine genaue Prüfung der Einkommens- und Vermögensverhältnisse durch das Sozialamt. Es setzt bestimmte Beträge für jedes Familienmitglied als so genannte Regelsätze an und kontrolliert, ob diese Summen durch Einkommen oder Vermögen gedeckt sind. Da die Regelsätze sich von Bundesland zu Bundesland unterscheiden – und darüber hinaus in besonderen Fällen auch ein Mehrbedarf geltend gemacht werden kann –, ist die Berechnung in jedem Fall individuell vorzunehmen. Auch die Festsetzung von Einkommen und Vermögen ist nicht einfach: So werden zum Beispiel Wohngeld und Kindergeld als Einkommen gerechnet, Erziehungsgeld und Geld aus der „Stiftung Mutter und Kind“ dagegen nicht.

Wichtig ist für minderjährige, unverheiratete Schwangere und Erziehende, die im Haushalt der Eltern leben: Die Eltern werden nicht zum Unterhalt für Mutter und Kind herangezogen. Auch bei Volljährigen, die nicht im Haus ihrer Eltern wohnen, dürfen die Eltern nicht zum Unterhalt für das Enkelkind verpflichtet werden.

Neben einer dauernden „Hilfe zum Lebensunterhalt“ kann auch nur punktuell „Hilfe in besonderen Lebenslagen“ beantragt werden. In diesen Fällen gelten wieder andere, höhere Einkommensgrenzen.

Da eine Berechnung immer auf der Basis der individuellen Situation erfolgt, sollten Sie sich vor einem Antrag unbedingt beraten lassen. Neben den Sozialämtern, die eine Beratungspflicht haben, kommen dazu insbesondere die Wohlfahrtsverbände in Betracht.

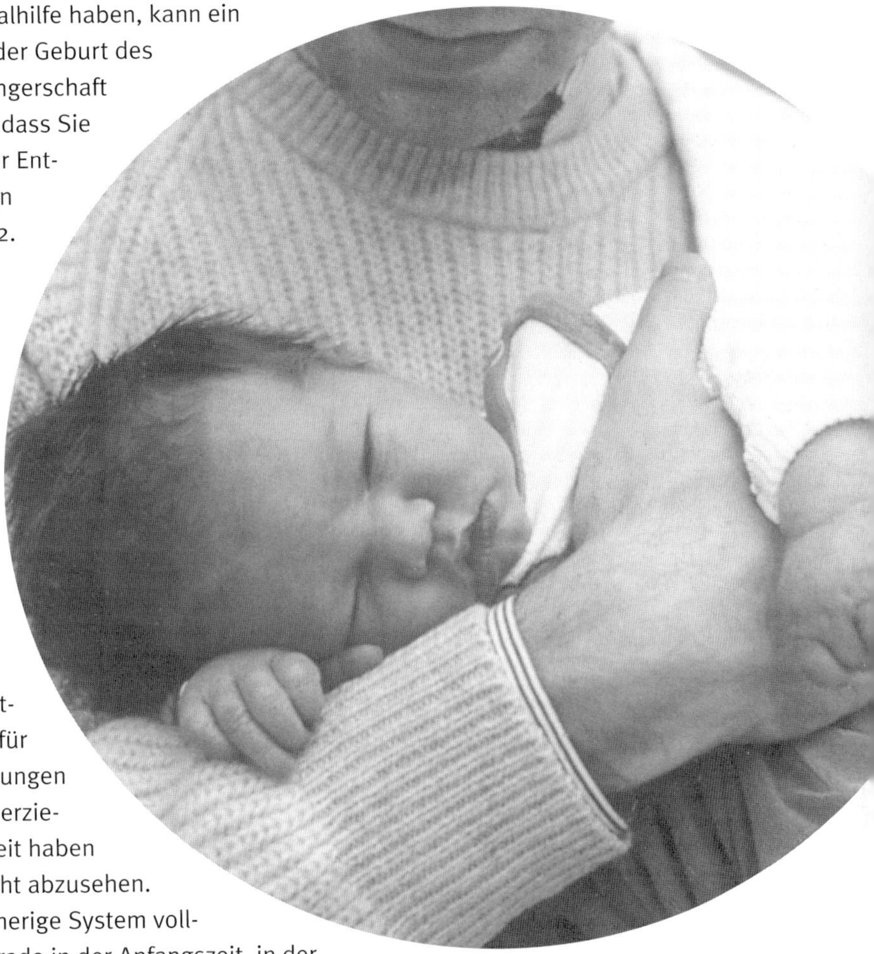

Wenn Sie Anspruch auf Sozialhilfe haben, kann ein (erhöhter) Bedarf aufgrund der Geburt des Kindes bereits in der Schwangerschaft geltend gemacht werden, sodass Sie das Geld direkt im Monat der Entbindung erhalten. Im Übrigen steht Schwangeren ab der 12. Schwangerschaftswoche beispielsweise eine 20-prozentige Erhöhung des Regelsatzes bei der Sozialhilfe zu.

Ab 1. Januar 2005 werden Sozialhilfe und Arbeitslosenhilfe zum so genannten Arbeitslosengeld II zusammengelegt. Die Änderung betreffen dann auch die Höhe der Unterstützung und die Bedingungen für den Bezug. Welche Auswirkungen dies auf Schwangere, Alleinerziehende und Eltern in Elternzeit haben werden, ist derzeit noch nicht abzusehen. Da die Änderungen das bisherige System vollständig ändern, kann es gerade in der Anfangszeit, in der auch noch keine Gerichtsurteile vorliegen, zu Fehleinschätzungen der Behördenmitarbeiter kommen. Wer sich als Schwangere oder Alleinerziehende/r mit unzumutbaren Anforderungen der Behörde etwa zur Arbeitsaufnahme konfrontiert sieht, sollte Beratung suchen und ggf. Widerspruch gegen Bescheide der Behörde einlegen.

Unterhaltszahlungen

tipp

Der Vater des Kindes muss sich auch schon an den während der Schwangerschaft entstehenden Kosten, wie zum Beispiel für Umstandskleidung, beteiligen.

Eine nicht verheiratete Mutter hat gegen den (festgestellten) Vater des Kindes Anspruch auf Unterhalt. Für die Frau beginnt er sechs Wochen vor der Geburt des Kindes, wenn sie bis dahin, also dem Beginn der Mutterschutzfrist, gearbeitet hat. Konnte Sie wegen der Schwangerschaft, einer schwangerschaftsbedingten Erkrankung oder der Erziehung eines anderen Kindes nicht arbeiten, beginnt der Unterhaltsanspruch bereits vier Monate vor der Geburt. Er dauert bis zu drei Jahren und – wenn danach noch dauernde Betreuung nötig ist – auch länger. Wenn eine allein erziehende Mutter hingegen (einen anderen Mann) heiratet, verfallen diese Ansprüche. Die Höhe des Unterhalts richtet sich nach dem Einkommen der Frau bei eigener Berufstätigkeit und der wirtschaftlichen Leistungsfähigkeit des Vaters. Eigenes Einkommen aus Erwerbstätigkeit und das Mutterschaftsgeld werden angerechnet, Erziehungsgeld und Kindergeld dagegen nicht.

Unterschiedliche Regelungen in Ost und West bei niedrigen Nettoeinkommen

Für das Kind muss der Vater auch nach den drei Jahren weiter aufkommen. Dazu werden das Einkommen des Vaters bzw. weitere Unterhaltsverpflichtungen zugrunde gelegt, Kindergeld wird teilweise angerechnet. Die Höhe des zu zahlenden Unterhalts wird für die alten Bundesländer nach der „Düsseldorfer Tabelle" bzw. für die neuen Bundesländer nach der „Berliner Tabelle" berechnet; die Richtbeträge für die ersten fünf Lebensjahre können Sie dem auf der nächsten Seite folgenden Schema entnehmen. Die Unterhaltsbeträge werden regelmäßig aktualisiert; die nächste Änderung steht zum 1. Juli 2005 an; die aktuellen Werte können unter www.famrz.de ermittelt werden.

Bei der Berechnung kann man sich an das Jugendamt, einen Rechtsanwalt oder eine Rechtsanwältin, möglichst spezialisiert auf Familienrecht, wenden.

Wenn der Kindesunterhalt nicht gezahlt wird, kann beim Jugendamt ein so genannter Unterhaltsvorschuss (››› Seite 121) beantragt werden.

Lebt der Vater des Kindes im Ausland und kommt seinen Unterhaltsverpflichtungen nicht nach, kann dieser Vorschuss ebenfalls beantragt werden. Mit einigen Ländern bestehen Rechtshilfeabkommen: Informationen dazu gibt es beim

Bundesministerium der Justiz
Jerusalemer Straße 24, 10117 Berlin
Telefon: 0 30/20 25 70
www.Bmj.bund.de

Unterhaltsleistungen
Düsseldorfer Tabelle (für die alten Bundesländer) ab 1. Juli 2003

Nettoeinkommen des Unterhaltspflichtigen	Altersstufe 0 bis 5 Jahre
bis 1.300 €	199 €
1.300 – 1.500 €	213 €
1.500 – 1.700 €	227 €
1.700 – 1.900 €	241 €
1.900 – 2.100 €	255 €
2.100 – 2.300 €	269 €
2.300 – 2.500 €	283 €
2.500 – 2.800 €	299 €
2.800 – 3.200 €	319 €
3.200 – 3.600 €	339 €
3.600 – 4.000 €	359 €
4.000 – 4.400 €	379 €
4.400 – 4.800 €	398 €
über 4.800 €	nach den Umständen des Falles

Berliner Tabelle (für die neuen Bundesländer) ab 1. Juli 2003

Nettoeinkommen des Unterhaltspflichtigen	Altersstufe 0 bis 5 Jahre
bis 1.000 €	183 €
1.000 – 1.150 €	191 €
ab 1.150 €	wie Düsseldorfer Tabelle

Wohngeld und Wohnberechtigungsschein

Wohngeld ist ein Zuschuss zur Miete, der von der Höhe des Einkommens, der Anzahl der Familienmitglieder und der Höhe der Miete abhängt. Die Fördergrenzen sind in den Kommunen unterschiedlich. Informationsbroschüren und Antragsformulare erhalten Sie bei den örtlichen Wohnungsämtern. Kümmern Sie sich rechtzeitig darum, denn Wohngeld wird nicht rückwirkend gezahlt.

Der Wohnberechtigungsschein ermöglicht den Bezug öffentlich geförderten Wohnraums, der „Sozialwohnungen“. Da die Größe des Wohnraums von der Anzahl der Familienmitglieder abhängt, ergibt sich durch ein Kind Anspruch auf mehr Raum. Beantragen Sie deshalb rechtzeitig einen entsprechenden Berechtigungsschein. Im Übrigen steht auch nicht verheirateten Paaren die Erteilung eines gemeinsamen Berechtigungsscheins zu. Informationen und Anträge gibt es ebenfalls bei den örtlichen Wohnungsämtern.

BAföG

Studierende Schwangere können sich an das Studentenwerk ihrer Universität wenden, um Informationen zum Studium mit Kind zu erhalten. An den meisten Universitäten können die Fristen für Diplomarbeiten verlängert werden oder Urlaubssemester beantragt werden. Während der Urlaubssemester wird allerdings kein BAföG gezahlt.

Anderseits ist es auch nicht zwingend notwendig, sich beurlauben zu lassen. Dann kann die Förderungshöchstgrenze durch BAföG heraufgesetzt werden:

Höchstgrenzen für Förderung können durch Schwangerschaft und Kindererziehung heraufgesetzt werden

- für die Schwangerschaft ein Semester und
- für die Betreuung des Kindes jeweils ein Semester pro Lebensjahr des Kindes bis zum fünften Lebensjahr.

Übrigens kann auch die Altershöchstgrenze von dreißig Jahren für den Beginn der Förderung ausgesetzt werden, wenn das Studium wegen der Erziehung eines Kindes erst so spät begonnen werden konnte.

Nach Beendigung eines Studiums erlässt das Bundesverwaltungsamt auf Antrag ganz oder teilweise die Rückzahlung des Darlehens, wenn während der Erziehungszeiten nicht gearbeitet wird.

Stiftung Mutter und Kind

Für Schwangere in Notlagen, die entweder keine andere staatliche Hilfen bekommen oder wenn diese Hilfe nicht ausreicht, stellt diese Stiftung des Bundes Mittel zur Verfügung, damit Bedürftigkeit nicht zu einem eigentlich nicht gewollten Schwangerschaftsabbruch führt. Die Höhe der Zuwendung, in der Regel eine einmalige Beihilfe, ist vom Einzelfall abhängig. Anträge können bei den Gesundheitsämtern und den Beratungseinrichtungen der Kirchen gestellt werden.

Anhang

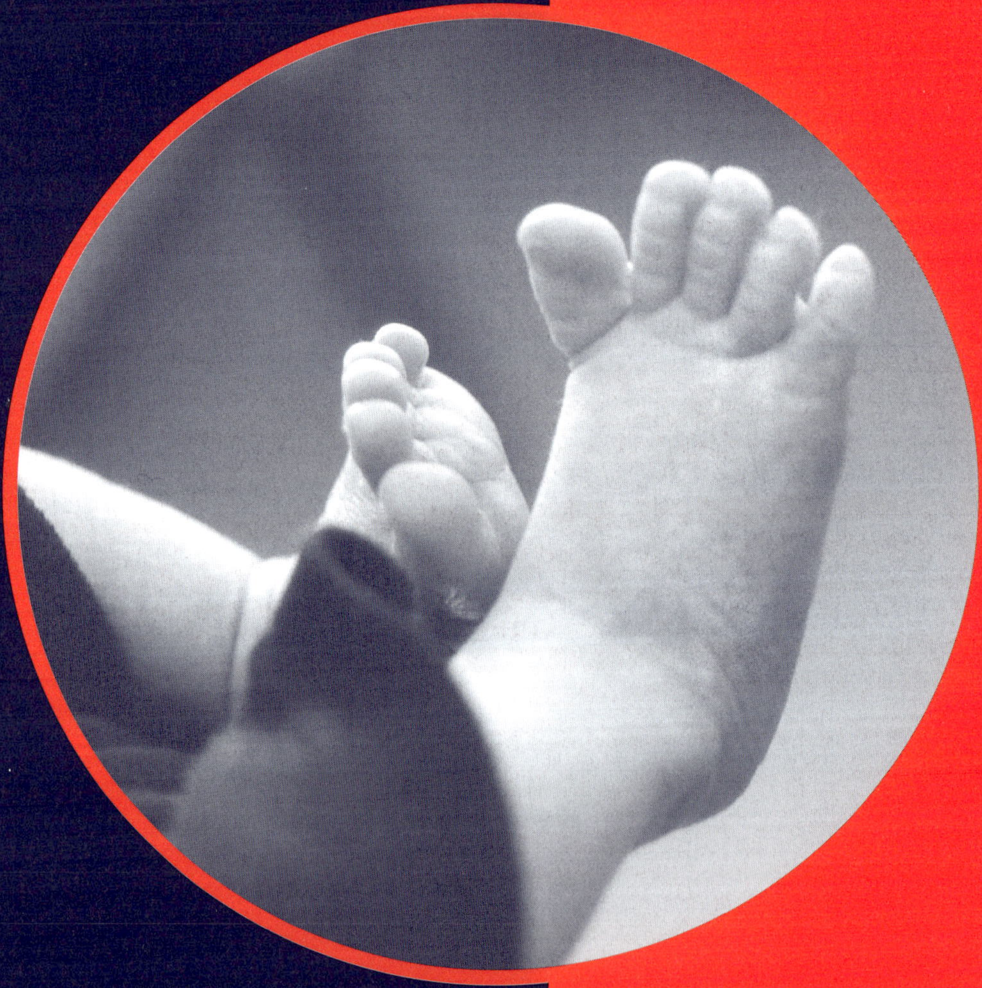

Eine Bemerkung vorweg

Neben den Anschriften verschiedener Organisationen finden Sie in der nachfolgenden Zusammenstellungen auch etliche Internetangebote. Das Internet hält für Fragen rund um Schwangerschaft und Geburt zahlreiche Hinweise und Angebote bereit. In vielen Gesprächsforen und auf Webseiten verschiedener Anbieter kann man sich mit anderen Betroffenen austauschen, Informationen erhalten oder Waren einkaufen. Die Vielfalt der Informationen und der schnelle und anonyme Kontakt bergen aber auch Risiken.

Die Informationen sind in aller Regel nicht qualitätsgesichert. Vielfach ist noch nicht einmal der Anbieter und seine Qualifikation ausreichend transparent gemacht. Vorsicht gilt es immer dort zu wahren, wo Informationen mit Kaufangeboten vermischt werden. Aufpassen sollten Sie auch, wenn man aufgefordert wird, Daten mitzuteilen.

Die Verbraucher-Zentrale NRW hat Kriterien zur Beurteilung von Gesundheitsinformationen im Internet entwickelt, die Sie auf der Seite www.vz-nrw.de finden.

Die im Folgenden aufgelisteten Internetadressen sind nur Anregungen zur weiteren Beschäftigung. Viele Anbieter haben wiederum Links (Verweise) zu weiteren Quellen. Die Inhalte der Adressen sind weder von uns getestet, noch stellt die Auswahl eine Empfehlung dar.

Beratung

Pro Familia
Stresemannallee 3
60596 Frankfurt
Telefon: 0 69/63 90 02
(0,12 €/min; Di u. Do, 9-12 Uhr)
Telefax.: 0 69/63 98 52
www.profamilia.de

Pro Familia hat ein bundesweites Beratungsangebot zu Fragen rund um Verhütung, Schwangerschaft, Sexualität und Partnerschaft.

Kirchliche Einrichtungen
Die Beratungsinstitutionen der Kirchen, Caritas (katholisch) und Diakonie (evangelisch), beraten zu Fragen rund um Schwangerschaft und Familie, sind Anlaufstelle für Beratung Alleinerziehender und geben oder vermitteln auch finanzielle Hilfen, z. B. der „Stiftung Mutter und Kind“. Die lokalen Adressen finden Sie im Telefonbuch oder über die Kirchengemeindebüros.

Im Internet sind die Dachorganisationen zu finden unter: www.caritas.de bzw. www.diakonie.de

Kommunale Stellen
Bei den örtlichen Gesundheits- und Sozialämtern sowie – wenn vorhanden – Ämtern für Frauenfragen gibt es Informationen über Unterstützung und Hilfe vor Ort. Die Adressen erfahren Sie aus dem Telefonbuch; viele Angebote finden Sie häufig auch schon im Internet.

Ministerien und Behörden

Bundesministerium für Familie, Senioren, Frauen und Jugend Dienstsitz Berlin
Taubenstraße 42/43
10117 Berlin
Telefon: 0 30/2 06 55-0
Telefax: 0 30/2 06 55-41 03
www.bmfsfj.de

Informationen zur Familienpolitik, zum Erziehungsgeld, Mutterschutz und Elternzeit

Bundesministerium für Gesundheit
Am Propsthof 78a
53121 Bonn
Telefon: 0 18 88/4 41-0
Telefax: 0 18 88/4 41-49 00
www.bmgesundheit.de

Allgemeine Informationen zur Gesundheitspolitik und verschiedene Ratgeber

Bundesversicherungsamt
Friedrich-Ebert-Allee 38
53113 Bonn
Telefon: 02 28/6 19 18 88
Telefax: 02 28/6 19 18 77
www.bundesversichrungsamt.de

Zuständig für Fragen zum Mutterschaftsgeld

Bayrische Verwaltung für Versorgung und Familienförderung
Informationen zum Erziehungsgeld nicht nur für Bayern und ein praktisches Berechnungsprogramm zur Ermittlung des individuellen Anspruchs unter: www.lvf.bayern.de/erziehungsgeld/rechner_04/start.html

Selbsthilfe

Bundesverband „Das frühgeborne Kind e. V."
Kurhessenstraße 5
60431 Frankfurt
Telefon: 0 18 05/87 58 77 (0,12 EUR/min, Di u. Do 9.00 Uhr bis 12.00 Uhr)
Telefax: 0 69/58 70 09 95 99
www.fruehgeborene.de

Dachverband verschiedener Selbsthilfegruppen zum Thema „Frühgeburt" Hinweise auf regionale Initiativen

Arbeitskreis DOWN-Syndrom e. V.
Am Schäferhof 27
D-27308 Kirchlinteln
Telefon: 0 42 36/9 41 01
Telefax: 0 42 36/9 41 02
www.down-syndrom.de

Selbsthilfegruppe für Menschen mit Down-Syndrom und ihre Freunde e. V. (Deutsches Down-Syndrom InfoCenter)
Hammerhöhe 3
91207 Lauf a. d. Pegnitz
Telefon: 0 91 23/98 21 21
Telefax : 0 91 23/98 21 22
www.ds-infocenter.de

Arbeitskreis Kunstfehler in der Geburtshilfe
Münsterstraße 261
44145 Dortmund
Telefon: 02 31/52 58 72
Telefax: 02 31/52 60 48

Bundesinteressengemeinschaft Geburtshilfegeschädigter e. V.
Nordsehler Straße 30
31655 Stadthagen
Telefon: 0 57 21/7 23 72
Telefax: 0 57 21/8 17 83
www.members.aol.com/geburt

Deutsche Behindertenhilfe – Aktion Mensch
Hohlbeinstraße 13–15
5175 Bonn
Telefon: 02 28/2 09 22 60
Telefax: 02 28/2 09 22 81
www.aktion-mensch.de

Bundesverband alleinerziehender Mütter und Väter e. V. (VAMV)
Hasenheide 70
10967 Berlin
Telefon: 0 30/6 95 97 86
Telefax: 0 30/6 95 97 8-77
www.vamv-bundesverband.de

Dachverband der Frauengesundheitszentren
Goetheallee 9
37073 Göttingen
Telefon: 05 51/48 70 25
Telefax: 05 51/48 70 25
www.medizin-forum.de/selbsthilfe/frauenzentren/

Informationen und Adressen der lokalen Frauengesundheitszentren

Nationale Kontakt- und Informationsstelle zur Anregung und Unterstützung von Selbsthilfegruppen (NAKOS)
Wilmersdorfer Straße 39
10627 Berlin
Telefon: 0 30/31 01 89 60
Telefax: 0 30/31 01 89 70
www.zdf.de/inhalt/12/0,1872,1020268,00.html

www.gestose-frauen.de
Informationen zum Thema Gestose

www.hyperemesis.de
Eine Seite für Frauen, die in der Schwangerschaft unter starker Übelkeit und Erbrechen leiden

www.drillis.de/forum/index.php
Foren und Links für Eltern von Mehrlingen

www.schmetterlingskinder.de
www.muschel.net
Zwei Seiten für Eltern, die ihre Kinder in der Schwangerschaft, bei der Geburt oder als Neugeborene verloren haben, mit Foren und weiteren Adressen

www.initiative-regenbogen.de
Kontaktkreis für Eltern, die ein Kind verloren haben

www.schatten-und-licht.de
Eine Seite zum Thema Depressionen nach der Geburt

Ärzte und Hebammen

Berufsverband der Frauenärzte
Pettenkoferstraße 35
80336 München
Telefon: 0 89/24 44 66-0
Telefax: 0 89/24 44 66-100
www.bvf.de

Bietet einen Suchdienst für Frauenarztpraxen

Bund Deutscher Hebammen e. V.
Gartenstraße 26
76133 Karlsruhe
Telefon: 07 21/9 81 89-0
Telefax: 07 21/9 81 89 20
www.bdh.de

Der Verband hält verschiedene Kurzinformationen für Fachleute und Eltern bereit.

Deutsche Gesellschaft für Humangenetik
www.gfhev.de
Adressen von Ärzten und Instituten die zu humangenetischen Fragen beraten

www.hebammensuche.de
Umfassende, bundesweite Liste von Hebammen, Hebammenpraxen und Geburtshäusern

www.geburtshaus.de
Website des Netzwerks zu Förderung der Idee der Geburtshäuser in Deutschland mit Verweisen auf die lokalen Geburtshäuser

Stillen

Arbeitsgemeinschaft Freier Stillgruppen Bundesverband e. V.
Rüngsdorfer Straße 17
53173 Bonn-Bad Godesberg
Telefon: 02 28/3 50 38 71
Telefax: 02 28/3 50 38 72
www.afs-stillen.de

La Leche Liga Deutschland e. V.
Dannenkamp 25
32479 Hilla
Telefon: 05 71/4 89 46
www.lalecheliga.de

Nationale Stillkommission
Thielallee 88–92
14195 Berlin
www.bfr.bund.de/cd/425

Checklisten, Informationen und weitere Adressen rund ums Stillen

WHO/UNICEF Initiative Stillfreundliches Krankenhaus
Homburger Straße 22
50969 Köln
Telefon: 02 21/3 40 99 80
Telefax: 02 21/3 40 99 81
www.stillfreundlich.de

Adressenliste der mit dem Qualitätszeichen „Stillfreundliches Krankenhaus" ausgezeichneten Kliniken

Ernährung

aid Infodienst
www.Aid.de

Vom Bundesministerium für Verbraucherschutz gefördertes Informationsangebot zur Ernährungsfragen, u.a. auch in der Schwangerschaft und für Kleinkinder

Forschungsinstitut für Kinderernährung Dortmund
www.fke-do.de

Informationen und Studien zum Thema Ernährung von Kindern

Sonstiges

Giftnotruf
0 30/1 92 40 (24 Stunden)
www.Giftnotruf.de

Erste Hilfe und Beratung bei Vergiftungen in der Schwangerschaft von Mutter und Embryo

Verbraucherzentralen

Verbraucherzentrale
Baden-Württemberg e. V.
Paulinenstraße 47
70178 Stuttgart
Telefon: 07 11/66 91 10
Telefax: 07 11/66 91 50
www.verbraucherzentrale-bawue.de

Verbraucherzentrale Bayern e. V.
Mozartstraße 9
80336 München
Telefon: 0 89/53 98 70
Telefax: 0 89/53 75 53
www.verbraucherzentrale-bayern.de

Verbraucherzentrale Berlin e. V.
Bayreuther Straße 40
10787 Berlin
Telefon: 0 30/21 48 50
Telefax: 0 30/2 11 72 01
www.verbraucherzentrale-berlin.de

Verbraucherzentrale
Brandenburg e. V.
Templiner Straße 21
14473 Potsdam
Telefon: 03 31/29 87 10
Telefax: 03 31/2 98 71 77
www.vzb.de

Verbraucherzentrale
des Landes Bremen e. V.
Altenweg 4
28195 Bremen
Telefon: 04 21/16 07 77
Telefax: 04 21/1 60 77 80
www.verbraucherzentrale-bremen.de

Verbraucherzentrale
Hamburg e. V.
Kirchenallee 22
20099 Hamburg
Telefon: 0 40/2 48 32-0
Telefax: 0 40/2 48 32-2 90
www.vzhh.de

Verbraucherzentrale
Hessen e. V.
Große Friedberger Straße 13–17
60313 Frankfurt am Main
Telefon: 0 69/9 72 01 00
Telefax: 0 69/97 20 10 50
www.verbraucherzentrale-hessen.de

Verbraucherzentrale
Mecklenburg-Vorpommern e. V.
Strandstraße 98
18055 Rostock
Telefon: 03 81/49 39 80
Telefax: 03 81/4 93 98 30
www.verbraucherzentrale-mv.de

Verbraucherzentrale
Niedersachsen e. V.
Herrenstraße 14
30159 Hannover
Telefon: 05 11/9 11 96 01
Telefax: 05 11/9 11 96 10
www.vzniedersachsen.de

Verbraucherzentrale
Nordrhein-Westfalen e. V.
Mintropstraße 27
40215 Düsseldorf
Telefon: 02 11/3 80 90
Telefax: 02 11/3 80 91 72
www.verbraucherzentrale-nrw.de

Verbraucherzentrale
Rheinland-Pfalz e. V.
Ludwigstraße 6
55116 Mainz
Telefon: 0 61 31/2 84 80
Telefax: 0 61 31/28 48 66
www.verbraucherzentrale-rlp.de

Verbraucherzentrale
des Saarlandes e. V.
Trierer Straße 22
66111 Saarbrücken
Telefon: 06 81/50 08 90
Telefax: 06 81/5 00 89 22
www.vz-saar.de

Verbraucherzentrale
Sachsen e. V.
Bernhardstraße 7
04315 Leipzig
Telefon: 03 41/6 88 80 80
Telefax: 03 41/6 89 28 26
www.vzs.de

Verbraucherzentrale
Sachsen-Anhalt e. V.
Steinbockgasse 1
06108 Halle
Telefon: 03 45/2 98 03 29
Telefax: 03 45/2 98 03 26
www.vzsa.de

Verbraucherzentrale
Schleswig-Holstein e. V.
Bergstraße 24
24103 Kiel
Telefon: 04 31/59 09 90
Telefax: 04 31/5 90 99 77
www.verbraucherzentrale-sh.de

Verbraucher-Zentrale
Thüringen e. V.
Eugen-Richter-Straße 44
99085 Erfurt
Telefon: 03 61/55 51 40
Telefax: 03 61/5 55 14 40
www.vzth.de

Register

A

B

C

D

E

T

U

V

W

Z

Check(listen)

Impressum

Herausgeber
Verbraucherzentrale Nordrhein-Westfalen e. V.
Mintropstr. 27
40215 Düsseldorf
Telefon: 0 180/500 14 33 (12 Cent pro Minute)
Telefax: 02 11/38 09-235
E-Mail: publikationen@vz-nrw.de
www.vz-nrw.de

Vorstand
Dr. Karl-Heinz Schaffartzik

Mitherausgeber
Verbraucherzentrale Bundesverband e. V. (vzbv)
Verbraucherzentrale Hamburg e. V.
Verbraucherzentrale Hessen e. V.
(››› Adressen, Seite 184)

Text
Wolfgang Schuldzinski
Dorothee Annas-Sieler

Fachliche Begleitung
Claudia Schopphoff

Lektorat und Koordination
Dr. Hannah Friege

Layout und Produktion
Näscher und Näscher, Düsseldorf
www.naescher-naescher.de

Titel
Näscher und Näscher, Düsseldorf
Titelfoto: PhotoDisc

Fotos und Illustrationen
Näscher und Näscher, PhotoDisc,
Sonja Rothweiler, VZ-NRW

Druck
Stürtz GmbH, Würzburg

Einzelbestellung und Vertrieb
Bei den Verbraucherzentralen
(››› Adressen, S. 184)

Redaktionsschluss: September 2004

Ratgeber

Ratgeber der Verbraucherzentralen können Sie in den Beratungsstellen der Herausgeber kaufen oder per Post gegen Rechnung bestellen (Anschriften siehe Impressum). Zu den genannten Preisen (Stand: September 2004) kommt dann eine Versandkostenpauschale.

Gesunde Ernährung von Anfang an

Die Vielfalt an so genannter kindgerechter Nahrung ist unüberschaubar groß. Doch ist das, was angeboten wird, auch wirklich immer gesund und nützlich? Der Ratgeber hilft Ihnen, Ihrem Kind einen gesunden Start ins Leben zu ermöglichen und gibt Tipps, wie Sie Unsicherheiten abbauen und Werbeaussagen kritisch hinterfragen.

86 Seiten *5,80 Euro*
11. Auflage 2003

Mahlzeit, Kinder!

Wie können Kinder auch bei knapper Zeit stressfrei, gesund und lecker versorgt werden? Unser Ratgeber bietet umfangreiche Vorschläge für den Einkauf, die Küche, den Kindergarten und die Schule. Mit vielen Rezepten für Kinder- und Familienmahlzeiten. Liebevoll illustriert von Wolf Erlbruch.

124 Seiten *5,80 Euro*
3. Auflage 2004

Vollwertküche

Vollwert-Ernährung bleibt aktuell und ist gesellschaftsfähig. Wir zeigen die Vorteile auf und bieten 150 Rezepte, u. a. für vollwertiges Feiern. Vorteile der Vollwert-Ernährung kurz gefasst, Fragen aus der Beratungspraxis. Die Rezepte sind einfach, lecker, fleischlos und bewährt.

236 Seiten *7,80 Euro*
2. Auflage 2003

Bärenstarke Kinderkost

Essen und Trinken für Kinder ab dem zweiten Lebensjahr. Gesund und lecker. Denn brauchen Kinder eigene Lebensmittel? Wir geben Antworten auf Fragen rund um die praktische Kinderernährung. Mit vielen Rezepten für die ganze Familie.

160 Seiten *5,80 Euro*
8. Auflage 2004

Gewicht im Griff

Sind Sie unzufrieden mit Ihrem Gewicht? Suchen Sie Anregungen für einen alltagstauglichen Weg, wie Sie ohne Essverdruss Pfunde verlieren können? Dieser Ratgeber hilft Ihnen Schritt für Schritt dabei, sich Ihren Wunsch nach einem erreichbaren und haltbaren Wohlfühlgewicht selbst zu erfüllen. Mit ausführlichem Rezeptteil.

Hardcover/224 Seiten *14,90 Euro*
1. Auflage 2004

Computer, Handy, TV & Co.

Medien in Kinderhand: wann damit beginnen, wie begleiten, wie kann man Qualität erkennen? Eltern und Kindern wird mit diesem Ratgeber Lust und Mut gemacht, sich vom passiven Zuschauer zum (inter)aktiven, medienkompetenten User zu entwickeln. Unter die Lupe genommen sind Fernsehen, Video, Computer, Internet, Radio und Handy. Mit vielen weiterführenden Hinweisen und Links.

166 Seiten *7,80 Euro*
1. Auflage 2002

Das Haushaltsbuch

Das Finanzmanagement im „Unternehmen Haushalt" ist von vielfältigen und komplizierten Abläufen und Verpflichtungen geprägt. Mit dem Haushaltsbuch bekommen Sie einen Überblick über Einnahmen und Ausgaben und viele Tipps zum Thema Geld sparen und verwalten.

88 Seiten, DIN A4 quer *4,80 Euro*
3. Auflage 2004

Patiententipps für den Arztbesuch

Krank sein ist teuer geworden: Praxisgebühr, erhöhte Zuzahlungen zu Medikamenten oder IGeL-Leistungen. Wir zeigen Ihnen aber nicht nur welche Kosten auf Patienten zukommen, sondern alles, was rund um den Arztbesuch wichtig ist: wie Sie einen guten Arzt finden, welche Rechte Sie haben und was Sie tun können, wenn Sie mit der Behandlung unzufrieden sind oder wegen eines Behandlungsfehlers klagen wollen.

150 Seiten *7,80 Euro*
1. Auflage 2004